出口王仁三郎の遺言

あなたが開く「みろくの世」

櫻井喜美夫＝著

太陽出版

まえがき

私は、昭和の最大の霊能者と称された出口王仁三郎《おにさぶろう》（聖師）に名前をつけてもらい、王仁三郎が亡くなる3カ月ほど前にこの世に生を受けました。

私の名前は、王仁三郎の本名である「上田喜三郎《きさぶろう》」の訓読みの「喜美夫《きみお》」といいます。

この名前をつけられたことが、私の人生の苦悩の始まりでした。

なぜ、王仁三郎は私の名前をつけてすぐに亡くなったのか？　最初は受け入れることができず、あまりの重圧で胃潰瘍になり、大学を退学するほど心の葛藤は続きました。

幼い頃、「もしも私に天命があるなら雨を降らして」と祈ると、必ず雨が降りました。

それでも「喜美夫」という名前が嫌で、有名な姓名判断の先生に頼んで改名したこともありました。それほどまでに、出口王仁三郎（聖師）はあまりに偉大で、私にとって大き過ぎる存在でした。

人並みに生まれ、自分の実力で成功して、思い通りの人生を送る。

そんな当たり前のことができない、波乱に満ちた人生……。

やがて、私は王仁三郎の足跡を辿ることにしました。聖師は、いったい何を私に託そうとしたのか？　それがはっきりと自覚できたのは、60歳を過ぎてからのことです。

詳細は本文に譲りますが、これまで私が裏で行ってきたことを明らかにすることで、「王仁三郎の遺言」を伝えよう。もう黙っている悠長な時代ではないし、私の実の叔父が出口家の養子になっている深い縁もあることから、ここではっきりと自分がなすべきことをしておこう。

そして、あの世に戻った時に、「約束は果たしたよ」と聖師に報告をしたいと思っています。

時代は、今、大きく、大きく揺らいでいます。

折しも、この原稿を執筆中に東日本大地震が発生し、未曾有の被害をもたらしました。

被災者の方々には心よりお見舞いを申し上げますとともに、内外の支援によってこの壊滅的な状況を乗り越えて必ずや復興し、新たな希望の灯を照らしてくださることを確信しています。

まえがき

王仁三郎は、これから起こる大変化とその先の世界をしっかりと見据えていました。

いま話題になっている『日月神示』も、そのルーツは王仁三郎に辿りつきます。

王仁三郎が予言した「みろくの世」は、あなたの意識と行動に委ねられています。

この本に書かれていることが真実かどうか、どうぞあなたの心眼で読み取ってください。

平成23年5月吉日

櫻井　喜美夫

目次

パートV　王仁三郎の遺言を検証する……145

パートⅠ

出口王仁三郎とは？

奇しき縁に導かれて

日本宗教史に燦然と輝く金字塔を打ち立てた出口王仁三郎《おにさぶろう》。

時の権力者たちからは、誇大妄想、山師、怪物、逆賊などの罵称を浴びせられながらも、「神人合一」を説き、地上天国「みろくの世」の樹立を目指して、終生「世の立替え・立直し」を叫び続けた巨人、王仁三郎。

自称「世界改造業者」であり、その名は、大本教祖、『霊界物語』を記した偉大な宗教家、社会改革運動家、霊能者、予言者、そして傑出した芸術家としても知られています。

私（著者）にとっても、出口王仁三郎はこれまでの人生を決定づけられた、まさに運命の人です。なぜなら、私の生家である櫻井家は、祖父母の時代から大本の熱心な信徒で、父も王仁三郎に仕えることが櫻井家の本分だと自覚していたほど、大本と深い縁があったからです。

祖母は王仁三郎と同じ有栖川家の血筋で、王仁三郎とは母親違いの異母兄弟でした。

祖父も、戦前、王仁三郎のご子息である出口宇知麿《うちまる》氏とともに満州を駆け巡った同志で、晩年は王仁三郎から直接あるご神業を託されていました。

また、私の名前「喜美夫《きみお》」は、王仁三郎が命名してくれたもので、「喜三郎《きさぶろう》」という王仁三郎の本名の訓読みにあたります。祖父母によると、王仁三郎が昇天する前、最後に名付け親になってくれたのが私だったそうです。

祖父の代で始めた旅館も王仁三郎の指示によるもので、親類縁者も大本の信徒ばかりだったことから、私は幼い頃からいやおうなしに王仁三郎の名を頭の中に深く刻まれることになりました。

ところが、私自身は、成長するにともなって王仁三郎のあまりの偉大さを知るにつけ、わが身に重くのしかかる王仁三郎との奇しき縁に重圧を感じるようになりました。

それは私がまだ年端もいかない頃から始まっていました。たとえば、近所の友達と同じように、「僕ね……」と口走ると、すかさず、家族から「僕はしもべのことだから僕といってはダメ。あなたは、聖師（王仁三郎）から名前をいただいたことに誇りを持ちなさい。あなたには使命があるの」などと諭され、自分が特別な存在であることを常に意識させられていたからです。

しかし、私にとってはそんな周囲の期待が重荷だったことから、大本には関心を寄せず、スポーツに打ち込みながらごく普通の生活を送っていました。

ところがある時、自分の出自に関する衝撃的な事実を知って、心が大きく揺さぶられることになったのです。それは、王仁三郎の『霊界物語』（第13巻　巻末「信天翁《あほうどり》」）に書かれていた次の歌の一節を目にしたことに端を発します。

「今大本にあらはれた　変性女子《へんじょうにょし》は似而非《にせ》ものだ
誠の女子《にょし》が現はれて　やがて尻尾が見えるだろ

（中略）

時節を待つて居たならば　いづれ現はれ来《きた》るだろ
みのか尾張の国の中　変性女子が分りたら
モウ大本も駄目だらう　前途を見こして尻からげ
一足お先に参りませう　皆さまあとから緩《ゆっ》くりと
目がさめたなら出て来なよ　盲目《めくら》千人のその中の

一人の目明《めあ》きが気を付ける　　アア惟神《かんながら》々々
かなはんからたまらない　一足お先へさようなら。」
変性女子とは、身体は男性で魂は女性のことで、王仁三郎自身をあらわしています。ですからこれを読むと、「自分（王仁三郎）はニセモノで、美濃か尾張からホンモノが出現する」ことを予言しているように解釈できます。

この一節が私の心を捉えた理由は、私が生まれたのが、この歌にある美濃（岐阜）と尾張（愛知）のちょうど県境の町だったからです。

とはいえ、王仁三郎はニセモノで、私がホンモノの救世主だなどというつもりはもうとうありません。なぜなら、この歌には王仁三郎のある意図が隠されていたからです。

王仁三郎は、昭和10年に自分の手で『霊界物語』を校正した際、この歌の「一人の目明きが気を付ける」以降を次のように書き換えています。

「一人の目明《めあ》きが気を付ける　　なぞと慢神《まんしん》してござる
王仁《おに》はこの言《こと》聴くにつけ　　お気の毒にてたまらない
こんな判らぬ奴ばかり　　盲目《めくら》ばかりがささやけり」

この校正後の『霊界物語』が初めて刊行されたのは、昭和34年です（天声社「普及版」）。その間に、「王仁三郎が自分はニセモノだと自白している」という話が一人歩きしてしまったのですが、どうやら真実は、自分に反対する人たちをあぶり出すための王仁三郎の意図的な陽動作戦だったようです。

現に、大本信徒だった中野与之助は、この歌を根拠の一つとして、王仁三郎が昇天（昭和23年）した翌年に静岡県清水で「三五教《あなないきょう》」という宗教を興しています。

私がこの歌で衝撃を受けたのは、「美濃と尾張の間に生まれた者が、もう大本という宗教が必要なくなるために何らかの役割を担っているのではないか」、そう直感的に思ったからです。

私がそう思った理由は他にもいくつかあります。今となっては、それが「王仁三郎の遺言」として私の魂に深く刻まれ、人生を大きく転換せざるを得ない宿命となりました。

詳細はパートⅢに譲るとして、まずは出口王仁三郎とはどのような人物で、王仁三郎が目指した理想社会「みろくの世」とはどんな世界なのかについて確認しておきたいと思います。

二人の霊能者の出会い

「みろくの世」という理想社会を本気で、命がけで造ろうとした、世界に誇る日本のスピリチュアルリーダー、それが出口王仁三郎です。

明治、大正、昭和という激動の時代、王仁三郎は日本人に霊的な覚醒を促すべくしたたかに生き抜き、当時の国家権力からたび重なる弾圧を受けるも不死鳥のごとく蘇り、さまざまな宗教家や精神世界の先達たちに今もなお多大な影響を及ぼし続けています。

近年、にわかに注目を集めている岡本天明氏の『日月《ひつき》神示《しんじ》』も、王仁三郎の霊統を引き継ぐものです。

出口王仁三郎の名を初めて聞いた人や、よくご存知な

写真中央にいるのが出口王仁三郎。大本の信徒たちに囲まれ、「聖師さま」と親しまれていた。

い方のために、まずは王仁三郎の生涯を簡単にふり返っておきましょう。

出口王仁三郎は、明治4年（1871）、京都府亀岡市に生まれ、幼名（本名）は上田喜三郎《きさぶろう》といいました。貧しい小作農家の長男として生まれ、小学校を中退。農業のかたわら書生やラムネ製造、牛飼いなどをする一方、幼い頃から神童と呼ばれ、13歳で代用教員になったこともあったようです。

喜三郎青年に大きな転機が訪れたのは、明治31年（1898）。27歳の時に、郷里の霊山・高熊山に1週間こもって断食修行をして霊界の秘奥をきわめ、天眼通、天耳通、天言通、宿命通、自他心通などの霊能力を体得。そこで自らに課せられた〝救世〟の大使命を自覚したといいます。そして、「西北の方角に行け」との神示を受け、京都府綾部市にいた大本開祖、出口なおのもとを訪ねます。

出口なおは、綾部の大工職人と結婚後、貧苦のなかで11人もの子（うち3人が死亡）を

王仁三郎は器が大きすぎて、周囲の人びとはその全体像をつかむことができなかったといわれている。

産んだあと、53歳の時に夫が亡くなります。その後、ボロ買いなどをしながら8人の子を育て、明治25年（1892）2月、突然、神がかりにあいます。

その際、なおに降りたのが「艮《うしとら》の金神《こんじん》」でした。そしてこう告げられます。

「われは三千世界を立替え、立直すぞ。世界を一つにして、末代まで続く神国の世にする」

艮の金神からお告げを受けたなおは、理想世界の実現に向かって「大本」を開教し、布教を始めていました。

自らの使命に目覚めてなおのもとを訪ねた喜三郎青年は、明治32年から出口なお（開祖）と力を合わせて神業を推進し、やがてなおの末子（五女）・澄子（後の二代目教主）と結婚。この時から出口王仁三郎と名乗ります。

そして、大正7年（1918）、なおが81歳で没すると、王仁三郎は「聖師」として大本の興隆に務め、教勢を拡大。昭和10年（1935）には全国に別院や分院が64カ所となり、朝鮮、台湾、満州、シナ、南洋諸島にも支部が置かれ、信徒も40万以上に膨れ上がりました。

出口なおのお筆先と『霊界物語』

大本の普及に用いられたのは、艮の金神から降ろされたなおのお筆先を編集した『大本神諭』、そしてもう一つの聖典に当たるものが、大正10年（1921）、王仁三郎によってもたらされた全81巻83冊の『霊界物語』です。

なおのお筆先の一節にはこうあります。

「三千世界いちどにひらく梅の花、艮の金神の世になりたぞよ。梅でひらいて松でおさめる神国の世になりたぞよ。この世は神がかまわなゆけぬ世であるぞよ。いまは強いものがちの、悪魔ばかりの世であるぞよ。……これでは、世は立ちてゆかんから、神が表にあらわれて、三千世界の立替え、立直しをいたすぞよ」

『日月《ひつき》神示』をご存知の方は、このなおのお筆先によって

『霊界物語』。王仁三郎が口述したもので、「最後の審判書」ともいわれている。

示された、「三千世界の立替え・立直し」、すなわち神政による理想の平和世界の実現が、『日月神示』と同じ流れをくむものであることがおわかりかと思います。

『日月神示』は、大本と縁があった岡本天明氏によって降ろされた神示で、原書は漢字、漢数字、ひらがな、記号によって書かれていて、それを日本語としてわかるようにしたものを『一二三《ひふみ》神示』または『ひつく神示』といいます。

暗号がいたるところに散りばめられていることから、さまざまな解釈ができるといわれていますが、大筋はこれからの日本や世界全体に起きる出来事と、立替え・立直しによる「みろくの世」（理想社会）の到来を告げている予言書です。

「今の法律でも、教育でも、兵隊でも、宗教でも、この世は建直らんぞ、
新しき光が生れて世を救ふのぢゃ、
新しき光とはこの神示ぢゃ、この神ぢゃ。
七つの花が八つに咲くぞ、
此の神示八通りに読めるのぢゃ、
七通りまでは今の人民でも何とか判るなれど八通り目は中々ぞ。

一厘が、かくしてあるのぢゃ、

かくしたものは現はれるのぢゃ、現はれてゐるのぢゃ。」（『日月神示』海の巻）

つまり、なおのお筆先と同じように、艮の金神と呼ばれる真の神が表にあらわれて、あの世とこの世の立替え・立直しが行われ、「みろくの世」が始まるというわけです。

その源流ともいえるのが王仁三郎の手による『霊界物語』で、これは、人類の危機を救い、思想の混乱を正し、宗教・科学を真に生かし、人間の霊魂を改造する目的で口述筆記されたもので、なんと原稿用紙5万枚にも及ぶ量（計83冊）を3日で1冊というハイペースで書かれたといわれています。

その内容は難解ながらも、信徒の間では、お筆先の真意を解きあかし、天地創造に始まる地上霊界の歴史と地上天国建設の設計書であり、人類の霊的指導書だととらえられています。

このように、大本は開祖・なおと、聖師・王仁三郎の二人の教祖によって発展したのです。なおと王仁三郎の関係は、お互いに補完しあう陰と陽のペアシステムです。

なおに神がかりした艮の金神は、王仁三郎の審神《さにわ》によって天地を創造した元の神である国祖・国常立尊《くにとこたちのみこと》（『霊界物語』では大国常立神《おおくにたちのかみ》）であることが明らかになり、聖師・王仁三郎に降りたのは、その妻神である坤《ひつじさる》の金神《こんじん》という女の神だといわれています。開祖・なおは、肉体は女であるが男の神様がかかり、聖師・王仁三郎には肉体が男であるが女の神様がかかったので、それぞれ変性男子《へんじょうなんし》、変性女子《へんじょうにょし》、あるいは、厳霊《げんれい》（いづのみたま）、瑞霊《ずいれい》（みづのみたま）とも呼ばれます。

なおがお筆先による立替え・立直しの予言警告を発したのに対して、王仁三郎は霊界の真相を明らかにし、「霊主体従」の教えを説きました。「霊主体従」とは、本来、人間の主体は霊（魂）であり、身体はそれに従うという考えです。

また、王仁三郎は、すべての宗教は同じ根をもつという「万教同根」を唱え、世界人類の和合を強く望んでいました。

「いずれの宗教も、社会人心の改良とか人類愛の実行とか、霊肉の救治とか、天国の楽園を地上に建設するとかいう趣旨の他に出づるものでない。ゆえに古往今来、幾多の宗教が現われても、人生に光明を与うるをもって目的とせないものはない。期する所は同一の目的に向って流れているものである」

「自分は、宗教の宣伝使《せんでんし》をもって自認して居るが、同じ宇宙唯一の大神霊に向かって、同じ神霊の愛に浴せんとする目的をもっている宗教である以上は、眼目点さえ同じければ、枝葉にわたる宗教的儀式や説き方などは次の次である」（『出口王仁三郎全集2』）

さらに、王仁三郎は、反差別思想や平和主義を掲げる国際語エスペラントに共鳴して大正12年（1923）にエスペラントを導入したり、同14年（1925）には、北京において世界宗教連合会を発足させています。

そして同じ年、人種・民族・宗教等あらゆる有形無形の障壁を越えて、人類の大和合を唱導するために、救世主神である神素盞嗚大神《かむすさをのおおかみ》を祀り、「人類愛善会」を創立。その設立主旨には次のように書かれています。

「本会は人類愛善の大義を発揚し、全人類の親睦融和を来し、永遠に幸福と歓喜に充てる光明世界を実現するため、最善の力をつくさんことを期するものである。

そもそも人類は本来兄弟同胞であり、一心同体である。この本義に立ちかえらんとすることは、万人霊性深奥の要求であり、また人類最高の理想である。しかるに近年世態急転して世道日に暗く、人心日に荒びてその帰趨真に憂うべく、恐るべきものがある。かくの如くにして進まんには、世界の前途は思いしらるるのである。

されば吾等はこの際躍進して、あるいは人種、あるいは国家、あるいは宗教等あらゆる障壁を超越して人類愛善の大義にめざめ、この厄難より脱し、更に進んで地上永遠の光明世界を建設しなければならぬ。

これ実に本会がここに設立せられたる所以である。

大正14（1925）年6月9日

人類愛善会要綱

1、世界は一つであり、人類は本来同胞である。
2、戦争と暴力を否定する。
3、われよし、つよいものがちの社会悪をなくする。
4、人間を尊重し、働くよろこびに生きる。
5、自然を愛し、健康といのちを守る。

6、民族固有の文化を重んじ、国際理解と交流につとめる。
7、人類愛善・万教同根の主旨にもとづき、世界平和の理想実現を期する」
「神とともに生き、働き、楽しむ愛善世界の実現は、人類の使命である」

このような理念のもと、王仁三郎は、ベトナムのカオダイ教やドイツの白色旗団、ブルガリアの白色連盟等、広く世界の新精神運動と提携するなど、いち早く宗教協力活動の礎を築きました。

このように、「万教同根」と「人類愛善」。この2つが、王仁三郎（大本）が目指した世の立直しの大きな柱です。これをわかりやすくいうと、「すべての宗教の根源は一つの神であり、万教は同根である」であるがゆえに、「神とともに生き、働き、楽しむ愛善世界の実現は人類の使命である」。

愛善とは、すべてを生かしている主神（宇宙神）の愛であり、我よし（エゴイズム）を去り、強いものの勝ちを改める調和の心であり、人びとがこのようなきれいな身魂で生きる世界が「みろくの世」です。

また一方で、王仁三郎は「芸術は宗教の母なり、芸術は宗教を生む」と述べ、芸術と宗教の一体化を説きました。「洪大無辺の大宇宙を創造したる神は大芸術家でなければならぬ。天地創造の原動力、これ大芸術の萌芽である」とし、自ら自然を愛し、芸術に親しみ、文筆、書画、陶芸、詩・歌など、多方面にわたる膨大な数の芸術作品を残しています。

なかでも最も人びとを驚嘆させたのは、晩年に精力を注いだ手造りの「耀《よう》わん」です。他に類を見ないカラフルな色あいの茶わんを一日に数十個もつくり、延べ3千個以上も焼くという超人ぶりを発揮。王仁三郎は「わしのつくるのんは玉じゃ、茶わんは宝玉じゃ」といい、その作品の数々を訪ねてくる信徒たちに惜しげもなく分け与えました。

昭和24年（1949）には、陶芸評論家の加藤義一郎氏が、備前焼の人間国宝である金重陶陽《かねしげとうよう》氏宅でこの茶わんを初見して驚嘆、これを耀《よう》わんと銘命し、後に欧米6カ国の13都市において開催された「王仁三郎とその一門の芸術展」で展示され、大反響を呼びました。

王仁三郎の手による耀わん。櫻井家ではこの耀わんのほか、王仁三郎の岩笛なども授かっていた。

二度にわたる大弾圧と王仁三郎の予言

王仁三郎の掲げる理想が、当時の軍国主義一色の社会風潮とはあまりにもかけ離れていたこともあって、大本は時の政府、警察（官憲）から二度にわたる大弾圧を受けます。

一度目は、大正10年（1921）に起こった第一次大本事件、そして二度目は、昭和10年（1935）に起こった第二次大本事件と呼ばれるものです。

一度目の弾圧は、天皇に対する不敬罪と大阪の有力新聞（大正日日新聞社）を買収した新聞紙法違反の疑いで王仁三郎と教団幹部が検挙され、王仁三郎は未決囚として126日間の牢獄生活の後、保釈されたものの、綾部の本宮山神殿は破壊されました。保釈後、王仁三郎は『霊界物語』の口述を始めています。

二度目の弾圧は、不敬罪と治安維持法違反を理由に徹底した弾圧が行われ、結果的には治安維持法については無罪となったものの、綾部・亀岡の聖地は跡形もなく破壊され『霊界物語』などの諸著は安寧秩序紊乱《びんらん》によって発売頒布禁止処分となりました。

この時の大本関係の検挙者は3千名余りにおよび、王仁三郎も再び牢獄につながれ、激しい拷問による多数の殉教者も出ました。

治安維持法の疑いをかけられた理由は、昭和9年（1934）に発足した「昭和神聖会」（統管・王仁三郎）の副統管に黒竜会の内田良平《うちだりょうへい》が就き、アジア主義者の頭山満《とうやまみつる》を顧問に迎えたことなどから、当局から宗教的右翼団体として目をつけられたためだと考えられています。

不敬罪の理由は、大本の教えや「昭和維新」を唱える政治的な活動などから「天皇の代わりに大本が日本を統治しようとしているのではないか」という疑念によるもので、これは当局の無理解によるものだったのですが、王仁三郎にとってはこの大本の弾圧事件も実は折り込み済みだったのです。

大本には、大本内で起こった出来事はやがて日本で起こり、次にそれと同じような出来事が世界で起こるとされる「雛型《ひながた》（形）経綸《けいりん》」の論理（3つの型）があります。

つまり、王仁三郎は、大本が壊滅的に弾圧されれば日本も同じように壊滅的な状況になり、やがてそれがみろくの世の扉を開くことになると予言していたのです。

実証された予言

「大本は潰され、日本が潰れる」

この予言は、第二次大本事件によって実証されました。弾圧を強行した権力者側とっては、王仁三郎の予言は負け犬の遠吠えにしか聞こえなかったものの、弾圧事件の翌年、昭和11年（1936）をターニング・ポイントとして日本は一気に戦争への道へと転がり始めたのです。

昭和12年（1937）、支那事変が勃発したのをきっかけに、太平洋戦略を引いて待ちかまえていたアメリカは、日本が中国との泥沼の戦いに入ると見るとさまざまな手段で日本の資源ルートを断ちます。

そして日本の孤立化を図り、日本海軍の暗号を解読済みだったルーズベルトの陰謀にのせられる形で、日本側から真珠湾攻撃をしかけるはめになり、日米開戦の火ぶたが切られ太平洋戦争へ……。

このことは歴史の経緯をつぶさに調べれば明らかです。しかし、王仁三郎の目にはこうした戦争の経緯も見えていました。日本が敗戦に至るまでの昭和17年（1942）8月7日、王仁三郎は保釈され、亀岡の地に帰ってきました。

そこで王仁三郎は、「自分が出所した時から日本は負け始める」と予告しています。まさにその同じ日に、ソロモン諸島のガダルカナル島（日本占領時）に連合軍が上陸し、この時から日本の敗戦は色濃くなっていったのです。

また、同17年4月18日、本土が初空襲にあったこの日は、奇しくも6年前に大本の綾部・亀岡の神苑が当局によって無理やり売却させられ、所有権が綾部町・亀岡町に移った日と同じでした。

昭和19年（1944）7月になると、開戦を決めた東条英機内閣は戦局を打開できずに総辞職。その後、小磯国昭《こいそくにあき》と米内光政《よないみつまさ》の連立内閣が誕生しましたが、王仁三郎はこの時もこんな語呂合わせの予言を残しています。

「ソロモン戦（ガダルカナル戦）からソロソロ負けて、小磯づたいに米（べい）内（うち）にはいる。小磯米内（ようない＝よくない）、国（くに）昭（あけ）わたす」。

翌20年（1945）4月、今度は鈴木貫太郎《すずきかんたろう》が首相になると、すかさずシャレを交えて日本の敗戦をこう暗示しました。

「日本は鈴木野（すすきの）になる」「日本はなごうは（＝長くは）鈴木貫太郎（つづかんだろう）」と。

これ以後、本土各地は空襲によって焼きつくされていくわけですが、それに先だって王仁三郎は、「東京は空襲されるから早く疎開せよ」「大阪は焼野ケ原になる」「九州は空襲の本場だな」「京都は安全、金沢は空襲をうけない」など、逐一信徒に指示を与えていたといいます。

さらに、王仁三郎は、戦争の終結が原爆投下によることまでも暗示していました。

「火の雨がふる。火の雨とは焼夷弾だけではない」「新兵器の戦いや」と語り、「広島は最後に一番ひどい目にあう。最大の被害を受けて火の海と化し、それで戦争は終わりだ」と。

パートⅡ

みろくの世を求めて

聖師亡き後の大本

昭和17年（1942）に保釈された王仁三郎は、戦後になって大本を「愛善苑」に改称（昭和21）して再び教団を立て直したものの、晩年は耀《よう》わんづくりに専念し、数年後の昭和23年（1948）1月19日に78歳で昇天しました。

聖師を失った後の大本は果たしてどうなってしまったのか……。

簡潔にいうと、二代教主・澄子亡き後、澄子との間にもうけた長女で三代教主・出口直日《なおひ》の後継者の座をめぐって内部分裂し、出口家の親族者間で裁判沙汰を起こすなど、ゆゆしき状況のまま現在に至っています。

ところが、王仁三郎はそれをも見越していたようで、生前、信徒にこう語っていました。

「大本事件は松竹梅事件だ。第三次は竹だ、竹だ。内部から起きる。竹は内が空だから内輪から起きる」。

現に、第一次大本事件は、大阪・梅田の新聞社にいた王仁三郎の検挙から、第二次大本事件は巡教先の島根県・松江での王仁三郎の検挙に端を発しています。

それに対して、三代教主・出口直日の後継者の座を巡って大本内、出口家の親族間で勃発した内部裁判紛争が第三次大本事件です。この内部分裂は、出口栄二派と出口京太郎派、そして、いづとみづ運動の出口和明《やすあき》派の三派に分かれて展開されており、兵庫県・竹田の地方機関（宮垣主会）の発足に端を発して激化していきます。つまり、大本事件は「梅」と「松」と続いた後、三度目は「竹」から内紛事件が起きているのです。

大本事件も、神の経綸《けいりん》（計画）の一環であるとすれば、こうした内紛も必要があって起きている出来事なのかもしれません。とはいうものの、親族間での骨肉の争いを見るにつけ、外部の著者にとってはまさにこうした状況こそが、王仁三郎が暗示した「宗教団体の終焉」を物語っているように思われてなりません。なぜなら、結論からいえば、既成宗教がその役割を終え、一人ひとりが神の分霊《ぶんれい》（わけみたま）として目覚めることが神の計画だからです。

王仁三郎はこう述べています。

「人は神の子、神の生宮《いきみや》なり。しかしてまた神と成り得るものなり」

「神は万物普遍の活霊《かつれい》にして、人は神業《しんぎょう》経綸の主体なり。霊体一致して茲に無限無極の権威を発揮し、万世の基本を樹立す」(『霊界物語』)

「宗教はみろくの世になれば無用のものであって、宗教が世界から全廃される時が来なければ駄目なのである。主義、精神が第一であって、大本であろうと何であろうと、名は少しも必要ではないのである」(『出口王仁三郎全集2』)

王仁三郎の影響を受けた人びと

王仁三郎は、宇宙剖判《ほうはん》、太古の神々の歴史はもとより、霊界の構造、祭式、言霊学などの霊的な世界から、政治、経済、教育、医療、健康、食事、芸術など多岐にわたった現実世界の理想的なあり方についても言及しています。

単に一宗教家という枠にはまることのない器の大きさで、自分でもこう述べています。

「わしは大本教の王仁三郎ではない。日本の王仁三郎、世界の王仁三郎や」

現に、大本の名は知らなくても、出口王仁三郎の名は宗教宗派や精神世界の枠を超えてよく知られています。その理由は、現在ある新興宗教のほとんどは大本の流れを汲むか、王仁三郎の教義の影響を少なからず受けているからです。

たとえば、「生長の家」の創始者である谷口雅春《たにぐちまさはる》は、かつて大本の機関紙の編集主幹をしており、生長の家の「人間神の子」という考えは、人間は神の分霊という大本の考えと共通しています。

また、「世界救世教」の開祖、岡田茂吉《おかだもきち》も元は大本信徒であり、「ワールドメイト」の教祖・深見東州《ふかみとうしゅう》氏も王仁三郎の影響を強く受けています。

さらに、「生長の家」は「白光真宏会《びゃっこうしんこうかい》」「法の華三法行」などに影響を及ぼし、「世界救世教」は岡田茂吉亡き後に分裂し、「救世神教」「黎明教会」「神慈秀明会《しんじしゅうめいかい》」や傍流である「世界真光文明教団《まひかり》」「崇教真光」など、いわゆる手かざし系の教団をいくつも生んでいます。要するに、こうした教団も元をたどれば大本にたどり着くのです。

後に日本心霊科学協会を創立した浅野和三郎《あさのわさぶろう》も元大本の幹部でした。浅野は東大出の英文学者で、大本に入信後、王仁三郎と対立して脱退。その後は、西洋の心霊主義（スピリチュアリズム）を輸入し、守護霊や幽体といった概念を日本に定着させた人物です。

そのほかに、王仁三郎と関わりがあった人物としてよく知られているのが、笹目仙人こと笹目秀和《しゅうわ》氏です。笹目氏は、東京多摩道院（紅卍字会《こうまんじかい》）の統掌で、自身の波乱万丈の半生を描いた『神仙の寵児』の著者としても有名です。

道院は中国の山東省で興った新宗教で、道院と大本とは大正末期に交流をもち、笹目氏は王仁三郎からある使命を託されています。笹目氏によると、氏が大学生だった大正13年（1924）8月に大陸に旅行に出かけた際、朝鮮の霊峰・白頭山に住む呂仙師《りょせんし》（仙人）と出会い、「モンゴルの北西部に住む遊牧民族を救済することが汝の使命だ」と教えられ、下山してからモンゴルの若者を日本に留学させる計画を実行することになります。

その途中、「この春、日本から大ラマ僧がやってきて大変な騒ぎだった」という話をあちこちで耳にし、あとで調べてみるとこの大ラマ僧とは出口王仁三郎だったことが判明。笹目氏が大本に出向いて王仁三郎と何度か面会したところ、将来モンゴルが日本人にとって大事な土地となることを霊視していた王仁三郎が笹目氏に対して、日出麿《ひでまる》氏（三代目教祖・出口直日の婿養子）を通じて、「大本・月宮殿のご神体石を崑崙《こんろん》山中に納めてくるように」依頼したのです。

これは第二次大本事件が起きる二日前のことで、このご神体石は櫻井家が献上した霊石です（後述）。

崑崙山脈は、モンゴルのチベット寄りに聳《そび》える7千メートル級の険しい山脈。ご神体を預かった笹目氏は、満州事変で激変する大陸へ渡り、数々の苦難を乗り越えながら、当地の弥勒《みろく》仙師の導きによって、半年後にようやく王仁三郎から託された任務を果たし終えたといいます。

その後は、終戦時にソ連に連行されシベリアの強制収容所で11年4カ月も拘留生活を送り、帰国後に道院を設立、普及に尽力していました（私は若い頃、笹目氏のもとを訪ねたことがありますが、その話は後で詳述します）。

大本、王仁三郎の影響を受けたのは宗教家に限らず、武道家や思想家などにも影響を与えています。合気道の創始者として知られる植芝盛平《うえしばもりへい》は、王仁三郎の直弟子の一人で、王仁三郎の教えに沿って合気道を創始しました。植芝は王仁三郎の命名によって自らの武術を「合気武術」と称し、武道としての精神的な裏付けを求めて言霊《ことだま》の研究に没頭しましたが、合気道と言霊の両方を修めた弟子はごくわずかだったようです。

また、王仁三郎は川端康成と何度も会うなど、当時の文学界にも少なからず影響を与えたといわれています。

王仁三郎が望んだ「スの神」の顕現

王仁三郎のスケールの大きさは、「神」の捉え方にも見て取れます。王仁三郎は、宇宙の本源であるまことの神を「主（ス）の神」と呼んでいます。

「主の神はあまつ月日を生みまして森羅万象をそだてたまえる
天帝は霊力体の三元をもちて一さい万有をつくれり
天地《あめつち》のまことの象《さま》を察《あき》らめてまことの神の体《からたま》を知れ
ものみなの運化《めぐりうつり》のくるわぬはまことの神の力なりけり
活物《いきもの》の心性《さが》のはたらき察《あき》らめてまことの神の霊魂《たましひ》を知る」（『愛善の道』）

スの神は、古事記では国之常立神《くにとこたちのかみ》、日本書記では国常立尊《くにとこたちのみこと》のことで、宇宙の創造神でもあり、イザナギノミコトやイザナミノミコトの産みの親にあたります。

この天地を創造した親神であるスの神が、出口なおに降りた「艮《うしとら》の金神《こんじん》」で、王仁三郎によると、このスの神＝「大国常立神《おおくにとこたちのかみ》」（『霊界物語』）が主宰神の立場を失ったことで神霊界が乱れ、世に悪がはびこったといいます。

つまりこういうことです。元々は大国常立神が地球を統治していたのが、その規律のあまりの厳しさゆえに他の神々から不満の声が出たため、大国常立神はやむなく副神との政権交代を受け入れて正神の座から退いた。

また、大国常立神の妻にあたる「豊国主神《とよくにぬしのかみ》」（『古事記』では豊雲野大神《とよくものおおかみ》）は、夫神から引き離されてしまい、世界の中心から見て西南の方角、つまり未申《ひつじさる》の方位に閉じ込められた。

そして、その隙に乗じて悪神たちが、「炒り豆に花が咲くまで出てくるな」という意味合いを込めて呪いをかけてしまった。艮というのは、干支の丑寅で方角では北東。つまり、大国常立神は世界の中心から見て北東の方角である丑寅の方位に閉じ込められたが故に、「艮の金神」と呼ばれるようになった。

そして、そのために霊界の移し世であるこの世も乱れ、悪がはびこるようになった、というわけです。

この大国常立神と豊国主神が物質界と霊界の改造を行うとされ、『霊界物語』には次のように記されています。

「身の方面、物質的現界の改造を断行されるのは国祖大国常立神であり、精神界、神霊界の改造を断行したまふのは、豊国主神の神権である。ゆゑに宇宙一切は霊界が主であり、現界が従であるから、これを称して霊主体従といふのである」(『霊界物語』)

世界大改造のための雛型

三千世界の立替え・立直しとは、この宇宙創造の神、大国常立神と豊国主神が表に現れる、つまり宇宙神の顕現を意味しています。要するに、王仁三郎が顕現を望んだ真の神とは、八百万の神々ではなく、宇宙根源の神であって、決して人格神ではないのです。

「真の神は愛善と信真の中にこそましませ、自愛や偽信の中にましますはずはない。かかる自愛や偽信の中に潜入する神はいわゆる八岐大蛇《やまたのおろち》、悪狐《あっき》、悪鬼、餓鬼、畜生の部類である」(『霊界物語』)

「真神は宇宙一切の全体であり、八百万の神々は個体である。全体は個体と合致し、個体は全体と合致するものだ。ゆえに、どこまでもわが神道は一神教であるのだ」
（『出口王仁三郎全集５』）

つまり、日本のみならず、地球や宇宙全体を見据えたうえで、宇宙神の再現を願っていたのです。王仁三郎が人類愛善会を創立する前年、大正13年（１９２４）にモンゴルに渡ったのは、そのための型としての神事を行うためでした。

これは「入蒙壮挙」と呼ばれ、「五六七《みろく》神政王国」の樹立に向けて、アジアの北東（丑寅）にあたる満州・蒙古から入り、中央アジアを経てアジアの西南（未申）にあたるエルサレムに至る計画でした。

王仁三郎は、満蒙独立を夢見る満州浪人や、盧占魁《ろせんかい》などの馬賊の協力を得て、満州からモンゴルへ行軍。モンゴル人の中には王仁三郎を「大活仏の出現」として迎える人もいるほどでした。

しかし、軍閥の張作霖《ちょうさくりん》によって満蒙独立は阻止され、将兵は次々に銃殺され、王仁三郎ら日本人６人もだ捕されます。あわや銃殺刑になる寸前、なぜか刑の執行が中止になり、その後、日本領事館によって救われることになりました。

王仁三郎がモンゴルに行く前に書いた遺書である『錦の土産』の中には、次のような文が記されています。

「東亜の天地を精神的に統一し、次に世界を統一する心算なり」

また、銃殺刑に処されることが決まった時、王仁三郎はこのような歌を詠んでいます。

「いざさらば　天津御国《あまつみくに》にかけ上り　日の本のみか世界を守らむ」

こうした言葉からも、王仁三郎が決死の覚悟でモンゴルに渡ったことが伺えます。結果的にはエルサレムまでは至らなかったものの、王仁三郎一行のこの入蒙は、世界大改造のための雛型だったのです。

このままでは世界の大峠がやってくる

王仁三郎のこれほどまでの使命感はどこからくるのでしょうか？

それは、「このままでは世界が滅びに至る」という王仁三郎の強い危機感の裏返しです。

艮の金神は、「このままでいくと世界の大峠がきて、人民が三分になるぞよ」と警告しています。

なおのお筆先にはこうあります。

「ぜったいぜつめいの世になりたぞよ。世界のものよかいしんいたされよ。ビックリいたすことができるぞよ。わかりた人民からかいしんをしてくださらんと、世界の人民三分になるぞよ」

世界の大峠とは、第一次、第二次世界大戦という痛ましい試練よりも大きな、地球人類の存続が危ぶまれるほどの「大峠」であって、人類が改心し、意識を変革しない限りそれはやってくる、という親神（スの神）からの警告だと考えられます。

この「大峠」が何を意味するか、私なりの解釈はパートⅥに譲るとして、こうした警告は、後の岡本天明氏による『日月神示』にも引き継がれています。その主な内容については、中矢伸一氏が多数の著書の中で詳しく解説をしているので、ぜひそちらを参照していただくとして、ここではまだあまり知られていない王仁三郎の素顔の一面をあげておきたいと思います。

実は、王仁三郎はオリオン系の宇宙存在、オリオン意識とつながっていたのです。

王仁三郎が27歳の時、自宅近くの高熊山に導かれ1週間の霊的な修行をしたことは既に述べました。その時に自らが救世主としての使命に目覚めたわけですが、その型を示した末世の救世主の証として、オリオン星座の印が王仁三郎の背中に刻印されていたのです。

王仁三郎の孫である出口和明《やすあき》著『出口なお　王仁三郎の予言・確言』（みいづ舎）には次のように記されています。


「地上の人類はそれぞれ天の星を負って生まれてくる。しかし多くは暗星で光を放っていないから見えない。大臣でも三等星か四等星、歴史上の人物では豊臣秀吉や西郷隆盛が一等星であった。王仁三郎自身の星はといえば、天の囚獄《ひとや》オリオン星座で、瑞《みず》（三つ）の御霊が千座の置戸を負って立つ姿だとみずからは言う。

天に描かれた巨大な囚の字形に四隅を封じこめられた形の三つ星、王仁三郎の背には、まざまざとその印が大きな黒子《ほくろ》となって刻されているのだ。

オリオンは、ギリシア神話に出てくるゼウスの弟で大海原を治めるポセイドンの子、海上を自由に歩ける狩の好きな美しい巨人であった。太陽神アポロンの妹・月の女神アルテミスに愛されたが、アルテミスは兄神アポロンにあざむかれ、海中を歩くオリオンを殺してしまう。気がついたアルテミスは、嘆きつつその死体を天の星の中にとじこめてしまった――。

オリオンが海を治める神の子で太陽神と争って星に囚われるなど、やはりスサノオノ命の宿業《しゅくぎょう》を暗示していよう。黒子といえば蒙古では王仁三郎が支那服を誂《あつら》えたとき、盧占魁《ろせんかい》は支那で高名な観相学者をそっと呼び入れて救世主としての資格のしるしを調べさせたという。結果は背の黒字も含めて、三十三相を具備した天来の救世主とのことに驚喜して、盧をはじめ、蒙古王貝勒《ばいろく》、将校、馬賊の頭目たちが敬慕したようだ」

これを私なりに解釈すれば、王仁三郎は宇宙存在であるオリオンの意識体をチャネリングするチャネラーでもあったということです。なぜそういえるかといえば、前述したように、王仁三郎がつながっていたのは日本や地球という枠を超えた宇宙神（根源的エネルギー）そのものであり、私自身もある時から宇宙のシリウス意識をチャネリングするようになったからです。

オリオンとシリウスはいわば陰と陽の関係で、両者の意識が統合することで宇宙神につながりやすくなるのです（後述）。

みろくの世とは「神（カミ）の世」

王仁三郎や岡本天明が予言した「みろくの世」とはどんな世界なのでしょうか？

みろくとは、仏教用語の「弥勒《みろく》」（マイトレーヤ）であり、キリスト教では「再臨のイエス・キリスト」を意味していて、『大本神諭』の続編にあたる『伊都能売神諭《いづのめしんゆ》』や『日月神示』では、みろくを「五六七」と記しています。

『伊都能売神諭』などでは五六七の意味を次のように説明しています。

「艮の金神が永らく変性男子（直）の手と口で知らして在りた、五六七《みろく》の世が参りたぞよ。

釈迦が五十六億七千万年の後に、至仁至愛神《みろくさま》の神政が来ると予言したのは、五六七と申す事であるぞよ。

皆謎が掛けてありたのじゃぞよ。

五は天の数で火と云う意義であって、火の字の端々に○を加えて五の○となる。

火は大の字の形で梅の花、地球上の五大州に象《かたど》る。

六は地の数で水と云う意義であって、水の字の端々に○を加えて六の○となる。

火は人の立つ形で水は獣類の形であるぞよ。

火は霊系、天系、君系、父系。

水は体系、地系、臣系、母系であるぞよ。

火は高御産巣日《たかみむすび》の神が初まり、水は神御産巣日《かみむすび》の神が初まりで、火はカの声、水はミの声、之を合わしてカミと申すぞよ。

七は地成の数で、土地成の意義であって、土は十と一の集まりたもの、十は円満具足完全無欠両手（まったくなり）揃う事で、一は初めの意義であるぞよ。

十は物の成就、一は世界統一、一神の事である。世の終《しま》いの世の初りがミロクの世であるぞよ。

また土は地球《くに》と云う意義で土也《くになり》、成事である。火水地（神国）が五六七である。

五六七の世となる時は、神国に住む日本の人民が五千六百七十人となる」

また、王仁三郎は、「世の元から申せばミロクは六六六なり。今の立直しの御用から申せばミロクは五六七と成るのであるから、六六六の守護は今までのミロクで、これからのミロクの御働きは五六七と成る」と述べていることから、みろくの世は、火《か》（五）と水《み》（六）、つまりカミが土（七）に現れることによって成就すると考えられます。

「一厘《いちりん》の仕組み」と大本裏神業

『日月神示』には、みろくの世に至るまでの道筋が示されており、その内容を吟味すれば、出口なおの『大本神諭』、王仁三郎の『伊都能売神諭』の流れを汲んでいることがわかります。

「神の世と申すのは、今の臣民の思うているような世ではないぞ。金は要らぬのざぞ。お土からあがりたものが光りて来るのざぞ。衣類、食べ物、家倉まで変わるのざぞ。草木も喜ぶ政治と申してあろうがな。誰でもそれぞれに先の判るようになるのぞ。お日様もお月様も、海も山も野も光り輝いて、水晶のようになるのぞ。悪はどこにも隠れること出来んようになるのぞ。博打、将棋は無く致すぞ。雨も要るだけ降らしてやるぞ、風もよきように吹かしてやるぞ。神を讃える声が天地に満ち満ちて、嬉し嬉しの世となるのざぞ」

「神示で知らしただけで得心して改心出来れば、大難は小難となるのぢゃ。やらねばならん。戦は碁、将棋くらいの戦で済むのぢゃ。人民の心次第、行い次第で、空まで変わると申してあろがな」（中矢伸一氏著『日月神示　神一厘のシナリオ』）

『日月神示』は、昭和19年（1944）6月10日、千葉県成田市の麻賀多神社境内において、元大本信徒の岡本天明氏に伝えられたのが始まりで、以後およそ16年間にわたって伝えられましたが、大本からは正式な神示とは認められていません。

なぜなら、岡本天明氏は、大本の部外者として「裏神業」を行っていた人物だからです。裏神業とは、世の立替え・立直しのために、王仁三郎が大本の部外者に対して個々に託し、秘密裏に行われた神業です。

神の経綸である世の立替え・立直しの雛型は、外からの力（国家権力）によって大本を潰すという形で九分九厘までは成就したものの、残りの一厘は大本内部では果たせなかった、というのが王仁三郎の考えでした。

そこで、神業が滞る状況を見通して「一厘の仕組み」を別に用意していた。それが「大本裏神業」と呼ばれているものです。つまり、最後の一厘によって世界がひっくり返るくらい重要な、世界を救う仕組みであり大神業です。

それは文字通り裏（秘密）の活動であるため、具体的な記録などは残っていませんが、王仁三郎研究者らの調査によると裏神業を託されたメンバーは48人で、指揮官である王仁三郎が全国各地にいるメンバーそれぞれに神業を命じたといいます。なかには、自分が裏神業を託されたという自覚をもたずに、「神のご意思によって知らぬ間に行わされていた」人もいたそうです。

裏神業の立役者・辻天水《つじてんすい》とは？

大本裏神業の最も中心的な人物とみられているのが、辻天水（本名、辻正道）です。

辻天水は、三重県菰野町《こものちょう》出身で、岡本天明と同じく大本信徒として王仁三郎に仕えていました。昭和10年（1935）第二次大本事件が起きる直前、王仁三郎は天水に対して、「一厘の仕組み、それがあんたの本当の仕事や」と裏神業を託すことを打ち明けます。

神の経綸上、最も重要な仕組みとみられていた「一厘の仕組み」。それを聞いた天水は驚愕します。

そこで、王仁三郎は、型の大本を潰す必要性、逮捕後の神業の詳細、そしてこれは極秘事項であり他言無用だと述べ、天水が入信の際に大本に献納した北伊勢、菰野の土地を返すことを告げます。

王仁三郎の言葉通り、その年の12月に第二次大本事件が起こり、王仁三郎は捕われの身になったものの、天水は王仁三郎の配慮により部外者として扱われていたため取り調べを受けることもなく無事、難を逃れました。

第二次大本事件後、菰野町に戻った天水は、大本信徒の三雲龍三を裏神業のパートナーとして日本各地を巡礼します。

そして、昭和13年（1938）、丹後の籠《この》神社の奥宮・真名井《まない》神社を参拝した際、三雲龍三に神が降り、天水の審神《さにわ》によって後にまとめられたのが『龍宮神示《りゅうぐう》』と呼ばれる神示です。

『龍宮神示』は、後に降ろされる『天言鏡《てんげんきょう》』などとともに大本系神示を補完する内容で、世界はこれまで6回滅び、7回目の地変を経て最終完成することや、みたま（身魂）を磨くことによって本霊が目覚め、霊主体従の神の世（みろくの世）になっていく仕組みを明らかにしたものです。

昭和17年（1942）、保釈の身になった王仁三郎のもとに駆けつけた天水に対して、王仁三郎は、主神「大国常立大神《おおくにとこたちのおおかみ》」、下方に「金山彦神《かなやまひこのかみ》」「金山姫神《かなやまひめのかみ》」の両神号を記した短冊を与えます。天水はこれを大本のご神体として、菰野町で北伊勢神業を続行。その後、戦争で三雲を失い、失意のどん底にいた天水にある日、神示が降りました。天水が神示に従って心当たりの場所を探し回ったところ、自宅近くの三保山に樹齢2百年の夫婦松を発見、そこに茜大神を祀る小社を建立し、「錦之宮《にしきのみや》」としました。

そして、王仁三郎の腹心だった数霊・言霊学者の武智時三郎を菰野町に呼び寄せ、さらに当時岐阜にいた岡本天明にも声をかけて、北伊勢に招へいします。北伊勢に移り住んだ天明は、武智とともに北伊勢の地を「至恩郷《しおんきょう》」と名づけ、『日月神示』にしたがって日本とユダヤには共通の使命があることを明らかにしました。

『日月神示』にはこう記されています。

「今度は根本の天の御先祖様の御霊統と、根本の御土の御先祖様の御霊統とが一つになりなされて、スメラ神国とユッタ神国と一つになりなされて、末代動かん光の世と致すのぢゃ。今の人民には見当とれん光の世と致すのぢゃ」

「根本の天の御先祖様の御霊統」とは、オリオンやシリウスなどの宇宙存在であり、「根本の御土の御先祖様の御霊統」とは大国常立大神、「スメラ神国」とはシュメール文化を受け継いだ日本、「ユッタ神国」はユダヤ（イスラエル）を意味していると考えられます。

つまり、「至恩郷」は、日本とユダヤが一つになることを象徴する形で、エルサレムにあるユダヤ民族の聖地、シオンの丘を由来として名づけられたのです。

一方の『龍宮神示』も、かつて大本に降りた神示と同じく、身魂を磨くことにより本霊が目覚め、みろくの世になっていく仕組みを明らかにしたもので、錦之宮にはその後も『天言鏡』『神言書』『松の世』などの神示が降ろされています。

王仁三郎は晩年、この天水、武智、天明らによる北伊勢神業についてこう語っています。

「北伊勢神業は、最後の神業である。北伊勢において世界の宗教が一堂に会する場面となる」

この大本裏神業は、はたしてその目的を成し遂げることができたのか……?

パートⅢ

知られざる裏神業と王仁三郎の遺言

大本裏神業を追体験する

この章では、王仁三郎という巨人に翻弄され続けてきた私自身の半生について述べたいと思います。

前述したように、出口王仁三郎が自らの名づけ親で大本と奇しき縁をもつ私は、若い頃はそれがとても重荷でした。大本の信徒であれば、名づけ親が王仁三郎であることを誇りにこそ思え、決してそれを嫌がることはないでしょう。しかし私は、長い間、「喜美夫《きみお》」という自分の名前を素直に受け入れることはできなかったのです。

なぜ、王仁三郎は最晩年、自分の「上田喜三郎《きさぶろう》」という本名を訓読みにしてあえて私に同じ「喜美夫」と名づけたのか？　私はその一点に神経をすり減らし、一時期、ノイローゼに近い状態にまで陥るなど10代から30代に至るまでずっと葛藤し続けました。

王仁三郎はいったい何を私に託そうとしたのか？　それにしても、大本信徒たちからすれば聖師の面影を彷彿とさせるこの名前は重すぎる……。

生涯、王仁三郎の名前に縛られるのは正直、しんどい。

そんな思いから、私は高名な姓名判断士に高額な鑑定料を支払って「通晴《みちはる》」と改名し、そう名乗っていた時期もありました。しかし、家族や親戚など周囲の大本関係者たちには理解してもらえず、結局、本名の喜美夫のままで通させられることになりました。

「よし、こうなったら王仁三郎の生き様を徹底的に追体験してやろう。そうすることで王仁三郎の真意を推しはかるしかない」

私がそう覚悟を決めたのは30歳を越えた頃で、当時、私は働き盛りの若い旅館経営者として慌ただしい日々を送っていました。それ以来、生業とは別に、私は人知れず大本裏神業の仕組みを追体験する神業を開始することになったのです。

まず私が着手したのは、出口なお開祖と王仁三郎聖師が歩いた道を踏破することでした。『大本神諭』（お筆先）『霊界物語』の解読から始まり、『伊都能売神諭《いづのめしんゆ》』（肝川龍神）』、裏神業でもたらされた『龍宮神示』（後述）や『日月神示』の研究。

そして、笹目秀和《しゅうわ》氏による「大岳山の仕組み」、眞砂幸一郎氏による「陸の龍宮・三栖之宮」、神宮一二三氏による「天地カゴメの宮」等々の知られざる裏神業メンバーの足跡を辿りながら、「龍宮神業」「富士と鳴門の仕組み」「琵琶湖の神秘」「十和田の仕組み（神秘）」「琉球の玉仕組み」等々の意味を探究してきました。

「龍宮神業」とは、大本とは別に行われた、スの神につながる霊的な場所を守るご神業です。眞砂幸一郎氏は、昭和9年（1934）王仁三郎（および出口日出麿《ひでまる》氏）によって和歌山の三栖之宮（元皇道大本別格・南海分院）において、また、神宮一二三氏は、昭和49年（1974）の国常立大神《おおくにたちのおおかみ》の神示によって長野県の皆神山（天地カゴメ之宮）において、それぞれのお役を務めていました。

『伊都能売神諭』では、王仁三郎の昇天後、王仁三郎が「火」をあらわす厳《いず》と「水」をあらわす瑞《みず》が結合した「伊都能売《いづのめ》」の御魂《みたま》として活動すると示されていたことから、それを実現するための受け皿的なご神業として、大本の外で密かに龍宮神業が行われていたのです。

つまり、この「水《いず》」と「火《みず》」の御魂が結合した時、みろくの世が始まるということです。（その意味はパートⅣで詳述）

紙面の都合上、詳細は割愛しますが、私はこうした大本裏神業に関わる人物や土地を訪ね歩き、さらにその周辺の人びとの証言を得ながら、王仁三郎が見すえていたみろくの世と「一厘の仕組み」の謎の解明に没頭していきました。

大本裏神業とはいっても、その最終目的は脱宗教、宗教団体の活動に終止符を打つことであり、ゆえに一般的な宗教活動とはまったく一線を画しています。

一般に大本裏神業と呼ばれているのは、王仁三郎の霊的な指導の下に進められた淡路の元井戸掘削（後述）と「錦之宮」における北伊勢神業の霊的活動で、その後に、みろくの世を実現する「日出神業」が始まるとされています。王仁三郎はそれを暗示させるこんな歌を詠んでいます。

「天上の　吾たましひは　いきてをり　三千世界を　守り照しつ」

とどめではなかった北伊勢神業

とりわけ私が注目したのは、最後の裏神業といわれた北伊勢神業でした。はたして、北伊勢神業はとどめの神業として完結したのか？　私は、それを確かめるべく関係者を訪ねたのですが、結論からいうと、王仁三郎が託した北伊勢神業はそこで完結はしていなかったのです。

「錦之宮」の辻天水は、「至恩郷」で奉仕していた小笠原登美古という女性と共に神業を続け、やがて結婚します。天水はこの時67歳で、33歳の登美古夫人とは34歳もの年齢差があったにもかかわらず、昭和34年、二人の間に公壽《きみひと》氏を授かります。

「錦之宮」は、「人は皆神の子である」との教えに基づいて「みろくの世を建設」を目標に活動を続けていたものの、天水氏は御子息（公壽氏）が産まれてから数年後に他界。やがて登美古夫人も平成7年（1995）交通事故で入院したことから、公壽氏が急遽、「錦之宮」に移り住みます。公壽氏は大学で理工学部を専攻、卒業後は半導体の研究に従事し、この頃より霊示が降りるようになったといいます。

私が「錦之宮」を訪ねた時には、すでに天水氏は他界し、登美古夫人からお話を伺いました。そこで、登美古夫人に「美濃と尾張の国の中」の聖師の予言の歌について尋ねたところ、夫人は無言のままでした。

そもそも、天水氏は聖師から「伊勢のカンノシ（神主）になれ」との命を受けて、武智

大本裏神業の仕組みを追体験し、それらを束ねる神業を続けてきた筆者。

「錦之宮」を訪ね、登美古夫人に天水氏の神業について聞く。

という優れたパートナーを得てその任を果たしたのであって、聖師が予言していた〝救世の人〟ではなかったようです。

武智氏も、昭和29年（1954）「至恩郷」の開墾作業による過労で倒れて療養生活を余儀なくされ、娘婿の白山義高氏（後述）に裏神業を託して昭和35年（1960）に亡くなっています。

公壽氏は、自称霊能者の井出恵子氏と結婚。これ以降、「錦之宮」における神業は公壽氏・恵子氏へと継承されたものの、両氏の意見が衝突し、錦之宮信徒の間にも対立が生じて、公壽氏は「錦之宮」を離れてしまいました。

そして、恵子氏もその後、乳がんを患って平成20年（2008）に他界しています。

私は、登美古夫人亡き後は御子息である公壽氏が継ぐものと期待していたのですが、公壽氏は結果的に「錦之宮」を離れてしまった……。しかし、すばらしい能力とお役目をお持ちであることは確かで、ご縁があればいつか公壽氏とお会いしたいと思っています。

さて、一方の「至恩郷」は、昭和38年（1963）に天明氏が亡くなり、岡本三典《みのり》夫人が引き継がれました。

しかし、平成10年（1998）3月23日、突如として失火により日の宮、天明画室、道場などが全焼。その後、平成19年（2007）6月10日に解散式を行い、宗教法人を解散しています。

私が「至恩郷」を訪ねた時、やはり天明氏も他界していたので、三典夫人からその間のいきさつを詳しくお聞きしました。

岡本三典夫人と。この後、『日月神示』の本が出版される。

その際、三典夫人から、『日月神示』を世に知らしめるために協力してほしいとの依頼を受けたので、私はご縁のある地で祈祷をし、『日月神示』を世に出す神業をさせていただきました。

すでにその頃、私は全国各地の不成仏霊を浄霊する神業を行い、人霊を祀った神社の浄化や聖師が残したご神体の石を集めるなどのご神業を始めていたのです。

一人ひとりがスの神に還ることが「一厘の仕組み」

それから間もなく、平成3年（1991）、『ひふみ神示』上・下巻（コスモテン刊）が世に出たのですが、ほぼ同時期に中矢伸一氏が立て続けに『日月神示』の解説本を出版されたことで、この神示が広く一般に知られるようになったのは皆さまもご存知のことと思います。

裏神業の研究家たちによると、北伊勢神業がとどめの神業だとされていますが、私が自分の目と足で確認したところ、実質的な最後の裏神業は北伊勢ではなく、淡路の「桃之宮」において行われていました。

淡路島は、国産み神話で知られる日本で最初に造られた島です。実は、この淡路「桃之宮」の裏神業こそが、みろくの世の到来を告げる神の経綸

三典夫人の手による『ひふみ神示』。

であり、王仁三郎が仕組んだ最後の雛型だったのです。

淡路裏神業は、「富士と鳴門の仕組み」に関する元井戸の掘削と古代イスラエルの遺跡を発掘することでした。その具体的な内容については次章で詳しく述べますが、私はこうした大本裏神業の真相を突きとめるまでに、十数年の歳月を要しました。その間、国籍を問わず、さまざまな霊能者や超能力者と会い、彼らと親交を深め、「一厘の仕組み」の謎解きに全身全霊で臨んだのです。

結論としていえるのは、大本の秘密、「一厘の仕組み」を解く鍵は、聖師が残したご神体としての「神宝・霊石・球（玉）」にあったということです。

みろくの世の到来をもたらすための、スの神、国常立尊《くにとこたちのみこと》（＝大国常立大神《おおくにたちのおおかみ》）のご神業には、神宝である球、すなわち霊石が必要で、その〝聖なる石〟によって悪神、魔を追い払うことができるのです。悪神、魔とは、邪心や極端な物欲、拝金主義など、身魂《みたま》を曇らせ神の心をさえぎるあらゆる想念、エネルギーのことです。

『霊界物語』の第13巻から第24巻は「如意宝珠《にょいほうじゅ》」と名づけられていますが、これは要するに、如意宝珠にまつわる「玉取り合戦」の物語であり、『神の国』の中にも偽《にせ》の如意宝珠の話がでてきます。

この聖なる石を使って一人ひとりの身魂磨きをして、魂の岩戸を開くこと。宇宙の「霊主体従」の法則に従って、親神たるスの神に霊的に還ること――これこそが「一厘の仕組み」です。言い換えれば、スの神の分霊としての自覚をもって生きる、宇宙神とのつながりを取り戻すことによる、神意識、宇宙意識（みろく意識）の目覚めといってもいいかもしれません。

「一厘の仕組み」を発動させる聖なる石

ここでぜひ思い出していただきたいのは、晩年、王仁三郎は何に心血を注いだのか？ということです。それは、「万教同根」による世界平和のための活動、そして、それを成し得るための「人類愛善」という神意識、宇宙意識の涵養《かんよう》です。

「人類愛善・万教同根の主旨にもとづき、世界平和の理想実現を期する」

神とともに生き、神とともに働き、神とともに楽しむ愛善世界の実現は、人類の使命である。

これを言い換えれば、みろくの世は、人類愛善・万教同根という神意識、宇宙意識に目覚めた人びとによって成し遂げられるということです。

一部の大本研究者の間では、神の経綸である「一厘の仕組み」は、特定の言霊《ことだま》や祝詞《のりと》をあげることだと理解されていますが、決してそうではありません。

確かに、言霊や祝詞も神意識とつながる道具の一つではあるものの、それだけでは世を変えるだけの物理的な力を生み出したり、みろく意識の変容までには至らないのです。これは、実際に祝詞をあげている人びとの現実の姿を見れば明らかでしょう。

みろくの世の扉を開くために、私たち人類が宇宙神（親神）と共鳴・合一するために、最もパワーを発揮してくれるのは聖なる石であり、だからこそ霊石、神宝と呼ばれるのです。王仁三郎は、さまざまな場面でそれを暗示していました。

『霊界物語』（第1巻第35章「一輪の秘密」と同第36章「一輪の仕組」）によると、国常《くにとこ》立尊《たちのみこと》の3個の神宝は、潮満の珠（水）、潮干の珠（火）、真澄の珠（土）とあり、これが神のシンボルとされています。

また、王仁三郎は、みろくの世に至るまでの過程を神軍と魔軍の戦いとして比喩的に表していますが、魔軍は何十万という軍隊なので、それを退治するには物理的な装置としての聖なる石が必要なのです。その神宝、聖なる石はいくつかありますが、代表的なものの一つが前述の「如意宝珠」です。王仁三郎によると、如意宝珠とはあらゆるものを産む宝で、すべてのものが叶う珠だとされています。

その宝を産む働きを「龍宮の乙姫」といい、大本の神諭には「龍宮の乙姫さま」について以下のような記述があります。

「龍宮さまは経済をつかさどり、国家を富裕ならしめ、財宝をさずけ、また海陸交通の安全、商業の発展をまもり、個人にては、住む家、食物、衣類をゆたかに与えたもう大神にして、大冨開運の守護神なり」

大本裏神業の真相、「一厘の仕組み」を発動させるものは、聖なる石にあった。私はこの事実を知って、改めてそれまでの心の葛藤が晴れました。なぜなら、私の家にはその聖なる石が多数存在し、それが大本、王仁三郎の下に献上されており、しかも家宝の霊石が何を意味しているかが王仁三郎聖師によって告げられていたからです。

私の実家に残されていた摩訶不思議な霊石。それは、私の祖父・櫻井秀之烝が飛騨の国・下呂で手に入れて、昭和19年2月9日（旧暦正月15日）に王仁三郎聖師（以下、文脈に応じて単に「聖師」と記します）に献上したものです。

五大陸を統一するみろく神誠の宝

「この霊石がみろくの世を開く鍵になる」――聖師によってそう語られていたことを知った私は、自らの使命を悟りました。

聖師から裏神業を託されたメンバーの一人である、奈良県天明山の豊本啓助氏によると、豊本氏は聖師から秘密裏に特命を受けて、大本の表舞台から外れて全国をかけめぐり、5年間、霊石探しに明け暮れていたそうです。その霊石が櫻井家にもたらされ、祖父がその霊石を聖師に献上したところ、聖師はこんな言葉を残してくれていたのです。

王仁三郎聖師が「みろく神誠の宝」と評した九山八海石。

「この霊石こそ、九山八海石《くせんはっかいせき》である。

九山八海石は、五大州、五大陸を統一するエネルギーを有する霊石で、みろく（三六八）神誠の宝である。

もしも悪魔がこの霊石を手中に納めたなら、この世は泥海になるだろう」

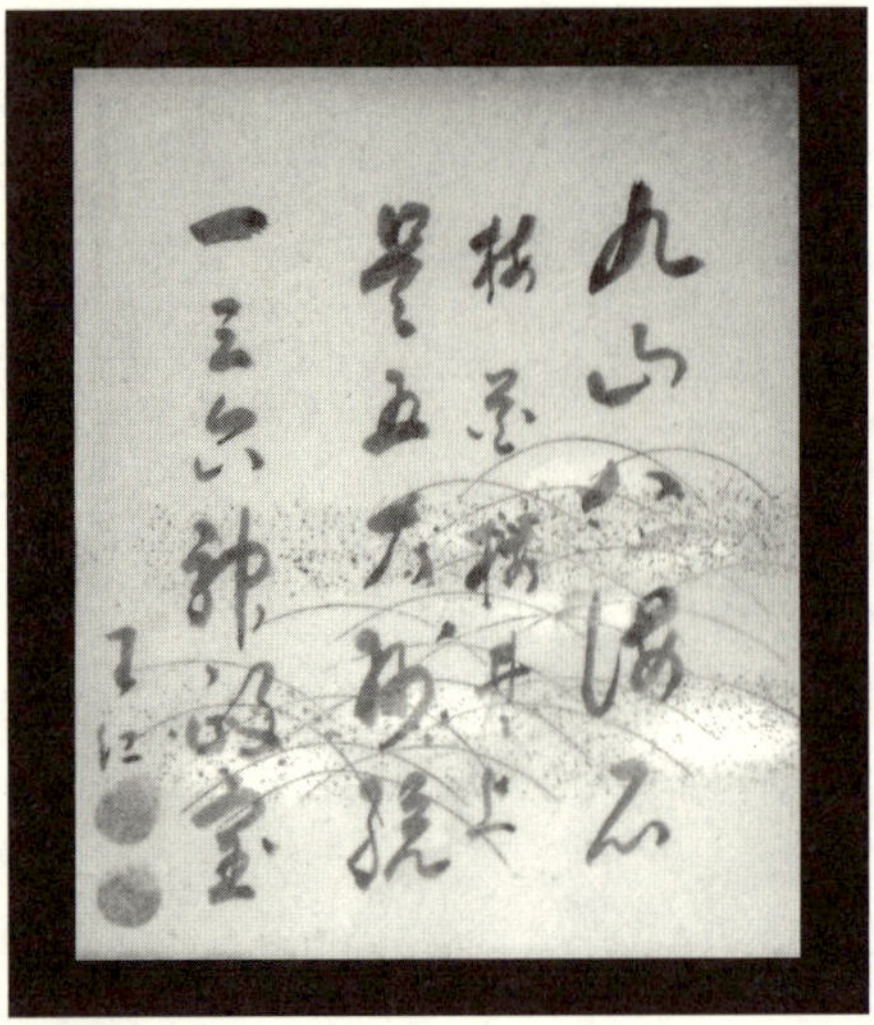

王仁三郎直筆による文字。

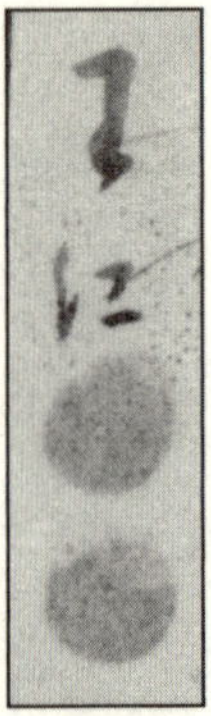

九山八海石
梅花桜井上
是五大洲統
一三六神誠宝
王仁
母印
母印

右は文字を書き改めたもので、左は王仁三郎のサインと拇印。

聖師はこの九山八海石は「みろく（三六）神誠の宝」だとし、写真にあるようにその証に書をしたため、拇印を押してくださったことから、これがわが家の家宝として大切に保存されていたのです。

しかも、祖父は、聖師から「玉川龍神」を、そして二代教主（出口澄子）から「大本八大龍王」を奉るよう命を受けていたのです。

玉川龍神は聖師の守護神、大本八大龍王は、聖師によると櫻井家があった中部地方を守護し統括している龍神です。

ここで誤解のないようにしていただきたいのは、一般にいわれる龍や龍神は、聖師が述べているように、人界より一段下に位置している存在（エネルギー体）であって、あくまで人間に使われる対象です。

また、大本八大龍王は、『霊界物語』によると、みろく大神の三女神、五男神の大活力発揮形態であって、素盞嗚尊《すさのをのみこと》の御子神にあたります。素盞嗚尊は、聖師の御魂《みたま》であることから、みろくの世建設にあたっては、素盞嗚尊が八大龍王を使って立替え・立直しを行うのです。

「喜美夫《きみお》」「みろく神誠の宝」「玉川龍神と大本八大龍王」。

裏神業を追体験する中で改めてこの3つの意味を知った私は、わが名づけ親である王仁三郎聖師の御魂と感応し、「自分が生まれてきた本当の意味」を自覚しました。すなわち、聖師のいう、スの神、まことの宇宙創造神とは何かを明らかにすること――これが王仁三郎聖師の遺言だと。

「スの神をこの世に顕現させるために、この神宝、霊石を使って自分に何ができるのだろうか？」

そんな思いでひとり神業を続けていたところ、次々に神の経綸としか思えない出来事に遭遇していきました。

ある時、宝珠の専門家と出会い、「マニ宝珠」の木型を手渡されたことがありました。そして、こういわれたのです。

「この木型は、マニ宝珠の黄金比率によって完成したものです。

しかし、この宝珠に収めるべきものがまだ見つかっていません。

この中に埋めるものを、あなたに見つけ出してほしい」

筆者が若い頃（上）は、よく王仁三郎に似ているといわれていた。その重責を背負いつつ、今も神業を続けている。

マニ宝珠とは別名如意宝珠といい、聖師がすべての願いが叶う珠だとした珠です。この水滴のような独特の形は、太古より神聖な形として珍重され、宇宙エネルギーを集積する働きがあるとされています。

大禊の後、シリウスとつながる

このマニ宝珠の型を使って神宝としての威力を発揮させるには、どんなセラミックを使えばいいのか？　おそらくそれは何らかの霊石であることは直感的にわかったものの、具体的にどんな石なのかはわかりませんでした。そこで私は生まれて初めて、スの神である宇宙神に直接祈ることでその答えを得ようと決意しました。

それまで私は、一般に「神」と呼ばれている対象に対して祈ることはありませんでした。なぜなら、神社に奉られている神々は意図的につくられた人格神であって、宇宙創造の神ではないからです。

賽銭を投げられて、現世御利益をかなえるような「神様」は、私が追い求めていた根本神とはまったく次元が異なります。

大宇宙のスの神に答えを求める以上、私自身の大禊《みそぎ》が必要です。大禊とはこの世のしがらみのすべてを捨て去ることです。私にしては一大決心ですが、ついにその覚悟をしました。

すると間もなく、私の実家でかつ開業90年になろうとする老舗旅館が、ある事件に巻き込まれて結果的に倒産の憂き目にあったのです。それまで家業を継いでいた私は、中部地方では名が知られた老舗旅館の三代目社長としてそれなりに安定した生活を送っていました。ところが倒産後、それまで蓄えていたお金も名誉も社会的な恩恵もすべて失い、まさに裸一貫になりました。

しかし、それでも私の心は清々しさで一杯でした。文字通り裸一貫から始めないとこの世に生まれた本当の天命を知ることができない、そう覚悟をしていたからです。

すべてを失った私は、尾張の地を離れてある地方の狭いアパートに移り、精進潔斎《しょうじんけっさい》をした後、一週間の祈りの行に入りました。一心に言魂《ことだま》を発動し、宇宙の中心に意識を合わせていたら、「シリウス」というビジョンがはっきりと見え、シリウスの意識体が私の全身を包みました。

それ以来、祈りを捧げるたびに、シリウスの意識体が私の脳裏にさまざまなビジョンの形で、私が知り得るはずのない情報や設計図のようなものを送ってくるようになりました。

この体験を契機として、マニ宝珠のセラミック製品（「バテラス宝珠」）のみならず、これまでにない発明品を次々につくりだすことができるようになったのです（パートⅦで製品の一部を詳述します）。

シリウスは、太古から人類と深い縁で結ばれている星です。おおいぬ座のシリウスは、全天で最も明るい恒星で、オリオン座（ベテルギウス）、こいぬ座（プ

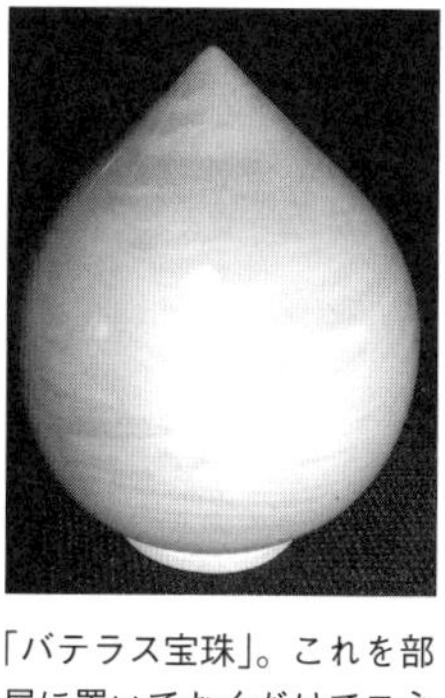

「バテラス宝珠」。これを部屋に置いておくだけでエネルギーの浄化などがおきる。

ロキオン）とともに冬の大三角形を形成していて、古代エジプトでは「赤い星」と呼ばれて暦に利用されたり、アフリカのドゴン族の神話などにも登場することで知られています。ドゴン族はシリウスを信仰していて、現代天文学の最先端情報と酷似する伝承があることなどから、古代よりシリウスの意識体が地球人類に関与してきたことが伺えます。

また、クフ王のピラミッドの中にはシャフトと呼ばれる4本の通気孔があって、そこには当時の天空にあった、こぐま座のベータ星、おおいぬ座のアルファ星・シリウス、りゅう座のアルファ星（当時の北極星）、オリオン座の三つ星の一つアルニタクの光が差し込んでいたとされます。

聖師はそのオリオン星と縁があり、私はシリウスとの縁があった。どうやら、オリオンとシリウスは過去に因縁があったようで、それぞれ霊的な使命をおびて地球にやってきたようです。

これは私だけでなく、他のチャネラーなどによっても、プレアデス、オリオン、シリウスなどの星々の進化した意識体が地球人のサポーターとして働きかけてきていることはよく知られています。私に課せられたのは、このシリウスからもたらされるビジョンに従って、聖なる石を発動させることでした。

思い返せば、私は十代の頃から、石（鉱物）が大好きで、趣味でいろんな石を収集したりセラミック制作に興じるなど、石を扱うことが何よりの楽しみでした。そして、シリウス意識体験をきっかけに、縁ある人を通じて、全国各地の霊石、奇石が次々と私のもとにやって来るようになったのです。

自分が望む石がどこにあるかわからなくても、日本列島の地図の上で手をかざすと反応があり、やがてその土地に眠っていた鉱物が知人を通して私のもとにやってくる。そのような形で、私の唯一の楽しみと、神宝・霊石（聖なる石）づくりが融合していきました。それはまるで、祖父が聖師に献上した九山八海石が、強力な求心エネルギーを放って聖なる石を引き寄せているようでした。

身魂磨きの道具として

私の元にやってくる霊石をどのような目的で使えばいいのか？

そのヒントは、やはり聖師の言葉にありました。聖師の言葉に、次のような「五百津御《いほつみ》統丸《すまる》の珠《たま》」があります。

「五百津御統丸《いほつみすまる》の珠《たま》と言ふのは、水晶、珊瑚《さんご》、紅玉《こうぎょく》、瑠璃《るり》、瑪瑙《めなう》、シヤコ、翡翠《ひすゐ》、真珠、黄玉《わうぎょく》、管玉《くわんぎょく》、曲玉《まがたま》などを集めて造りたるものにて、ミロク出現のとき装飾として、首にまかせ、耳づらに纏《ま》かせ、腰にまかせたまふ連珠《れんじゅ》の玉である。黄金の玉と霊界物語にあるは金《きん》の玉にあらずして黄色《わうしょく》の玉の黄金色《わうごんしょく》に光りたるものを言ふのである。また皆の神々が玉の御用をせんと活動する所があるが、このミロクの御用に奉《たてまつ》る玉のことであつて、神政成就の御用の玉である。この玉が寄つて来ねば、ミロク出現の活舞台《くわつぶたい》は来ない。玉が集まればその準備が出来たことになる。玉は心を清浄にし、悪魔を防ぐものである」（『月鏡』）

これを私なりに解釈すると「聖なる石は身魂磨きの有力な道具である」ということです。精妙なる宇宙とのエネルギー共鳴を起こすのが霊石です。つまり、特殊な霊石は宇宙神と響きあうことで〝内なる神〟を引き出す手助けをしてくれる。

もちろん、霊石とはいえ、実践するのは本人なので、霊石はあくまでサポート役に過ぎません。要するに、一人ひとりの身魂がピカピカに輝かれることによってスの神に還ることができ、その結果、みろくの世の扉が開かれる。それが、聖師が望んだ宗教不要の世界和合の時代を築く礎になる。そう私は確信しています。

これは、私自身が裏神業を担ってきた人びとの足跡を徹底的に辿り、シリウスのKing（王）としての裏神業を行ってきた経験からも断言できます。

私が行ってきた裏神業とは、主に人霊（ニセ神）を祭っている神社仏閣などの土地を清めたり、未成仏霊などを浄霊することですが、ここで参考までに神社浄化の一例をあげておきます。

まず、次ページ①の写真は、ある白山系の神社の封印を解きに行った際の写真です。神社の屋根に影が写っています。

そして次ページ②の写真は、私がご神業をした数カ月後、台風の直撃を受けて神社の大木が倒れ、屋根の一部が破壊されたもようが地元の新聞の記事（写真）になったものです。

これらを見比べていただければおわかりのように、ご神業時に屋根の影が写っていたまさにその場所が破壊されているのがわかります。これは時の中央政権によって封印・抹殺されていた白山王朝の御祭神（産土神《うぶすながみ》）を復活させるための「型」であり、このご神業によって白山王朝のエネルギーが表に現れることを示しています。

後述するように、今の神社は古代イスラエルの渡来人（ユダヤ系秦氏など）によって渡来系の人格神が祭られていて、日本古来の産土神が封印されています。ゆえに、このよう

①

ご神木に封印を解く業を行う。その際、屋根にご神木の影が写っているのが見える。

②

北國新聞

大型台風 県内に傷跡深く

実りの秋 無残な姿

作物被害9億円

メロン トマト ハウスが崩壊

撤去完了に数日

①で影ができていた場所が台風によって破壊。そのもようが、当時の『北國新聞』に掲載された。

な神社の封印解きは、スの神の顕現を促すための裏神業、いわば地ならし的なものです。

その最終目的であるスの神の顕現とは、一人ひとりが直接的に宇宙神とつながることであり、聖師の遺言は、日本人一人ひとりに向けて発せられているのです。

宇宙神との一体化については、私自身も体験し、それによって劇的な変化がありました。それは、まさに生死の境をさまよう凄じい体験でした。詳しい経緯についてはパートⅥで述べますが、内なる神とつながることができれば、おのずから聖師のいう「霊主体従」の生き方になります。

霊主体従の身魂となって救世の神業に奉仕する

霊主体従の身魂について、聖師は「立替え・立直し」「天の岩戸開き」と同じ意味合いで、次のように語っています。

霊主体従の身魂は、

「いっさい天地の律法にかなった行動を好んで遂行しようとし、常に天下公共のために心身をささげ、犠牲的行動をもって本懐となし、至真、至善、至直の大精神を発揮して救世の神業に奉仕する、神や人の身魂」（『霊界物語』）。

それに対して、体主霊従の身魂は、

「私利私欲にふけり、天地の神明を畏れず、体欲を重んじ、衣食住にのみ心をわずらわし、利によって集まり、利によって散じ、その行動は常に正鵠を欠き、利己主義を強調するほか一片の義務もわきまえず、慈悲を知らず、心はあたかも豹狼《さいろう》のような不善の人」（『霊界物語』）。

つまり、霊主体従の身魂とは、勧善懲悪な価値観をもつ人や精神世界にのめり込む人ではなく、地にしっかりと足をつけながらも、自らの意識、霊性を高めることに努力を惜しまない人です。

自分自身の中にある宇宙神の身魂（神性）、愛善の精神を信じ、宗教や霊能者に頼らずとも、またどんな艱難辛苦や天変地異に遭遇しようとも、自らそれを発現できる人。これを聖師は、素盞鳴尊《すさのをのみこと》の「宣伝使《せんでんし》」といいました。

『霊界物語』も、素盞鳴尊の教えを世界に宣べ伝える宣伝使たちが、旅の途中で何度も何度も神の試練に遭いながら自らの霊性を高め、成長してゆく、身魂磨きの旅の物語に他なりません。

いくら『日月神示』の文言を暗記するまで読み込んだり、毎日祝詞《のりと》を唱えても、日々の生活の中で内なる神の声に従って愛善の精神で生きることができなければまったく意味がない。一人ひとりが身魂磨きを行うことによって、本来の愛善なる精神と「真の宗教」が表に出てこそ、これまでの宗教が不要になるのです。「真の宗教」とは、個々人が直接宇宙神とつながり、神と人が合一する（神人合一）ことです。

昭和22年（1947）12月、聖師は、裏神業を託した武智時三郎の娘婿にあたる白山義高氏に対して、遺言ともとれる形で次のように述べています。

「真の宗教を世に出す業は、今の宗教家の手では絶対にできない。皇道大本は、立替え立直しの雛型をもって教えを示すところである。雛型では出雲系の大本でユダヤを世に出し、日本系の皇道でイスラエルを世に出す。そのために働いてほしい」

真の宗教とは、スの神、親神の教え、つまり、神道の天之御中主大神《あめのみなかぬしのおおかみ》もユダヤ、キリスト教のゴッドも、あるいは仏教の阿弥陀如来《あみだにょらい》も、本来同一の宇宙神（スの神）の別称であって、すべての人間はその宇宙神の分霊であり、その自覚をもって生きることが「真の宗教」を世に出す業なのです。

「みろくの世に宗教があってどないする」

聖師は、辻天水との間でもこんな会話をしています。

天水が「どうして宗教を滅ぼすのですか?」と聞きました。

すると聖師はこう答えました。「みろくの世に宗教があってどないする。宗教というものが無いのがほんま、素晴らしい世の中なるんや」

また、終戦直後の昭和20年（１９４５）の暮に朝日新聞のインタビューに答えた聖師の言葉からも、その後の大本のあり方と新しい時代を示唆するような内容が見て取れます。

以下の記事は、同年12月30日付の大阪朝日新聞に掲載されたもので、「吉岡発言」と呼ばれています。

『自分は支那事変前から第二次世界大戦の終るまで囚われの身となり、綾部の本部をはじめ全国四千にのぼった教会を全部叩き壊されてしまった、しかし信徒は教義を信じつづけて来たので、すでに大本教は再建せずして再建されている、ただこれまでのような大きな教会はどこにも建てない考えだ、治安維持法違反は無罪となったが、執行猶予となった不敬罪は実につまらぬことで「御光は昔も今も変わらぬが、大内山にかかる黒雲」という浜口内閣時代の暴政をうたったものを持出し、〃これはお前が天皇になるつもりで信者を煽動した不敬の歌だ〃といい出し、黒雲とは浜口内閣のことだといったが、どうしても通らなかった、自分はただ全宇宙の統一和平を願うばかりだ、日本の今日あることはすでに幾回も予言したが、そのため弾圧をうけた〃火の雨が降るぞよ、火の雨が降るぞよ〃のお告げも実際となって日本は敗けた、これからは神道の考え方が変わってくるだろう、国教としての神道がやかましくいわれているが、これは今までの解釈が間違っていたもので、民主主義でも神に変りがあるわけはない、ただほんとうの存在を忘れ、自分に都合のよい神社を偶像化してこれを国民に無理に崇拝させたことが、日本を誤らせた、殊に日本の官国幣社の祭神が神様でなく、唯の人間を祀っていることが間違いの根本だった、しかし大和民族は絶対に亡びるものでない、日本敗戦の苦しみはこれからで、年毎に困難が加わり、寅年の昭和二十五年までは駄目だ、いま日本は軍備はすっかりなくなったが、これは世界平和の先駆者として尊い使命が含まれている、本当の世界平和は全世界の軍備が撤廃した時にはじめて実現され、いまその時代が近づきつつある』

また、聖師は同年3月、「日本の神社に祭ってある神様は昔の英雄で死神死仏ばかりで、キリスト教のゴッド即ち不老不死の生神を祭ってあるところは一ヶ所もない」とも述べています。

つまり、第二次大本事件の根本原因は、天皇を神として崇めた国家神道ではなく、スの神を祀っていたからで、スの神こそがまことの神であり、スの神に帰れというのが聖師の一貫した主張だったわけです。

以上のことからも、人間を神格化したり、偶像崇拝による従来の宗教に終止符を打ち、宇宙創造の神、スの神の顕現によって世界平和に寄与することが、日本人全体に対する王仁三郎聖師の遺言であることがおわかりいただけると思います。

パートⅣ

日ユ同祖論と最後の淡路・裏神業

ユダヤ拝金主義の終焉

宇宙の根本神、スの神の顕現とみろくの世を開く最後の裏神業は、淡路島において行われていました。すなわち淡路神業――これがとどめの神業です。

しかしその前に、『日月神示』を降ろした岡本天明氏の「至恩郷《しおんきょう》」がなぜ最後のとどめの神業ではなかったのかを確認しておく必要があります。天明氏が、天水氏と武智氏に招かれて北伊勢菰野町《こものちょう》に来た時には、すでに北伊勢神業の基盤はできていました。では、なぜ新たに「至恩郷」が建てられたのか？

結論からいうと、「至恩郷」の建設と神殿の焼失は、どうやらユダヤ拝金思想の終焉を意味する雛型経綸だったようです。平成10年（1998）に「至恩郷」の一部が全焼したと述べましたが、出火元は第一神殿にあたる「日の宮」という建物で、本殿の看板と第二神殿である「月の宮」だけは焼失を免れています。

前述したように、「至恩郷」はイスラエル・ユダヤ人にとっての聖地、シオンの丘（エルサレム）に由来しています。聖師によると、イスラエル民族に属する人種は、ユダヤ人、蒙古人、コーカサス人、朝鮮人、日本人で、人種学上のセム族であるといいます。つまり、ユダヤ人と日本人は同じ先祖をもっていて、「至恩郷」における雛型経綸は、日本とユダヤの融合（後述）でした。

ところが、ユダヤには拝金思想という悪神が憑いていることから、「日の宮」の全焼によってこれを祓い清める必要があったのです。ユダヤ拝金思想は、現代の金融資本主義やグローバリズムとなって、世界中を席巻してきました。

亡国の民だったユダヤ人は、お金だけを信じてしたたかに生き抜いてきた歴史をもつため、国境を越えた金儲けの才と知恵に長けています。もちろん、お金儲け自体は悪いことではないですが、「お金だけがすべて」というのは明らかに極論で、そのような拝金主義思想は目的のためには手段を選ばず、結果的に人間の精神（神性）を狂わせてしまうのです。

「世界を変えた金融危機」と呼ばれたサブプライムローン問題は、その最も象徴的な事件といえるでしょう。サブプライムローン問題を契機に、リーマンブラザーズ社の財政破綻が世界中に金融不安を引き起こし、株価が大暴落して世界同時不況の時代に突入。その影響をまともに受けた日本も大不況に突入し、失業者が大量に出たことは周知の事実です。

この問題の発端とされるアジアの通貨危機は、平成10～11年（1997～98）にかけて起きたのですが、この頃から世界を支配してきたユダヤ金融資本主義、すなわちグローバリズムという名の利益至上主義の危うさが馬脚をあらわすことになります。

シオンの丘を象徴する「日の宮」が全焼したのは、まさにこの年です。つまり、「至恩郷」における雛型経綸は、これまでの拝金主義に象徴されるシオンの丘の神殿（「日の宮」）は燃え尽き、新たなユダヤ第二神殿（「月の宮」）はまったく無傷のまま残る、という形で起きていたのです。

これを言い換えると、これまで世界を支配してきた悪しき拝金主義と、フリーメーソンやロスチャイルドなどのいわゆるユダヤ系闇の勢力（見えざる政府）による管理主義、すなわち情報・金融・食糧・資源・武器製造等のコントロールが終焉を告げ、新たな世の立替え・立直しの時代に入ったのです。

聖師は、ユダヤについて次のように述べています。

「ユダヤは神の選民で、艮《うしとら》の金神《こんじん》が道具に使っておられる。ユダヤは悪に見せて善をやるのや」

また、裏神業メンバーの一人であった泉田瑞顕《いずみだずいけん》氏も、著書『出口王仁三郎の大警告』でこう述べています。

「悪魔の霊的集団と、ユダヤ人の人間集団とは、存立の次元が全然ちがう」

「フリーメーソンを道具に使っているアメリカの地下政府は、ユダヤ人ではなくてオロシヤの悪神即ち悪魔（サタン）である。若しかりにその〝見えざる政府〟の中枢が、ユダヤ人で構成されているとしても、そのユダヤ人は体主霊従的悪魔の使途であって、純粋なユダヤ神教の信奉者ではない」

真正ユダヤ人と日本人の提携が世界平和の鍵

こうした点からも、ユダヤには悪魔の使徒として働くユダヤ人と、純粋な神の僕《しもべ》としてのユダヤ人の二つの系統があることがわかります。

これを現実面で見ると、金融資本主義を掲げてアメリカ政府を影で操りながら日本人をコントロールし、搾取し続けるユダヤ人組織が前者。そして、後者は、日本とユダヤが共通の祖先をもち、同じ霊統であることを知っている、日本を尊敬する真正ユダヤ人です。

たとえば、『日本人に謝りたい』という著書を書いたユダヤの長老、モルデカイ・モーゼ氏などは少なくとも日本を尊敬している真摯なユダヤ人の一人です。

モルデカイ・モーゼ氏は、戦時中にルーズベルト大統領のブレーンとして日本を研究し、戦後の対日処理立案（GHQ政策）にも加わった人物です。彼は、この本の中で「共産主義」も「資本主義」もユダヤ人がつくりだしたもので、この二つを陰でコントロールしながら日本においても共産党を支援し、唯物史観や○×式の思考法を植えつけたという衝撃的な事実について告白しています。

そしてその上で、実はユダヤ人は日本を誤解していた、日本こそユダヤの永遠の理想があるとして、「日本人に謝りたい」と懺悔しているのです。同著にはこう書かれています。

「これら多くの戦前の日本人がもっていた世界に類い稀な美点、長所は、我々ユダヤ人の理想を具現化したものであったのだ。しかるに第二次大戦の終結を機として、これらが完全に失われてしまったのである。真に残念というほかない。

今回私がどうしても本稿の筆をとろうと決意したのは、これら類い稀な人類の財産ともいうべき長所を喪失せしめた責任が実は我々ユダヤ人にあるということを率直に認め、深くお詫びすると同時に、我々の犯した過ちがいかなる思考、動機から惹起されたものかという点を詳しくご説明させて頂いて、一日も早くこれら美点を復活させて頂きたいと思ったからである。何度も繰り返す如く、これらは我々ユダヤ人の理想でもある。これらを積極的に自己の理想といえるのは日本人の他にはユダヤ人しかありえない、とはっきりいえると思う」

「日本人は、その戦後史の顕著な跛行性、経済面の驚異的な高度成長と精神衛生面の硬直化、停滞性、虚妄性に深く悩まされているのではないかと考える。戦前日本にあった世界に冠たる長所、美点はあとかたもなく消され、後に残ったものは欲の皮のつっぱり合い、金、金、金の拝金主義的傾向、国際的にはエコノミック・アニマルぶりのみではなかろうか。

現在までのところ確実にいえることは、日本人はいまだこの戦後史の180度転換の真の原因について盲目同然であるということである」（『日本人に謝りたい』）

このように心あるユダヤ人もいることを私たちは知っておくべきでしょう。なぜ、両者が手を結ぶことがみろくの世につながるのか？　まさにそれは、聖師も述べているように古代ユダヤ人と日本人が同じ祖先、ルーツをもっているからです。

これを「日ユ同祖論」といいますが、聖師も早くから日ユ同祖論を唱えていました。日ユ同祖論を唱える人の中には、反ユダヤ主義の人びともいますが、反ユダヤ主義が日ユ同祖論と結びついたのは１９９０年代に入ってからのことです。

聖師が唱えていたのは反ユダヤ主義ではなく、前述したように、ユダヤには主に二つの系統があり、神の使徒である真正ユダヤ人と日本人が手を握る必要があるということです。

この点について、『日月神示』にはこう書かれています。

「今度は根本の天の御先祖様の御霊統と、根本の御土の御先祖様の御霊統とが一つになりなされて、スメラ神国とユッタ神国と一つになりなされて、末代動かん光の世と致すのぢゃ、今の人民には見当とれん光の世と致すのぢゃ」

スメラ神国は日本、ユッタ神国はイスラエルのことです。

さらに『日月神示』では、日本人とユダヤ人を「ヒツグの民」と「ミツグの民」という言葉で次のようにも表現しています。


「元の世からヒツグとミツグとあるぞ。

ヒツグは⦿の系統ぞ、ミツグは〇の系統ぞ。

ヒツグはマコトの神の臣民ぞ、ミツグは外国の民ぞ。

⦿と〇と結びて一二三《ひふみ》となるのざから、外国人も神の子ざから外国人も助けなならんと申してあらうがな。

一二三唱へて岩戸あくぞ」


つまりこういうことです。

ヒツグ（日本人）の⦿は、「火」の系統の民でスの神の御魂《みたま》を持ち、数霊《かずたま》であらわすと霊的な中心である「五」に当たる。ミツグ（ユダヤ人）は「水」の系統の民で、数霊であらわすと物質的なものを生じる「六」。そして、両者が結びつくことで「土」、すなわち無から有を創造する「七」となり、五六七《みろく》の世となるわけです。

日本における古代ユダヤ人の痕跡

ここで、「日ユ同祖論」について簡単に説明しておきましょう。

「日ユ同祖論」を最初に唱えたのは、明治初期に来日した英人Ｎ・マックレオドだとされています。マックレオド氏は、明治８年（１８７５）に出版した『日本古代史の縮図』の中で「天皇家は、古代イスラエルの王家の子孫である」と唱えています。

これが日ユ同祖論の原典となって、１９０１年度版の『ユダヤ大百科事典』に取り上げられ、多くのユダヤ人に感銘を与え、その後の『ユニバーサル・ユダヤ百科事典』にはその引用文が今も掲載され続けているそうです。

昭和４年（１９２９）には、牧師で日ユ同祖論の研究者である小谷部《おやべ》全一郎《ぜんいちろう》博士が『日本及日本国民之起源』を出版し、その中で次のような見解を示しています。

・日本の起原は、紀元前２３４８年のノアの大洪水の後、西部アジアのタガーマのハラ（高天原）に神都を開いて栄えた民族である。

・紀元前700年代にイスラエル人の一部が国を追われ東に移動した。
・日本に渡来した部族は、イスラエル人の中のガド族とマナセ族であると考えられる。
・天皇の呼称である「ミカド」は、ガド族を意味するヘブル語の「ミガド」に由来する。
ちなみに、ユダヤ人とは、「ユダ王国の民」だけを指し、イスラエル人とは、南北朝時代に分裂していた北のイスラエル王国をも含めた呼び名です。

また、小谷部氏は、イスラエルの風俗習慣・言語・宗教性・民族意識など、日本のそれと非常に似ている点をあげています。たとえば、禊《みそぎ》の習慣、神社の鳥居とユダヤ神殿の2本の柱、しめ縄、塩をまくことなどです。

さらに昭和7年（1932）には、日本のキリスト教団体のひとつ「ホーリネス教会」を創立した中田重治氏が『聖書よりみたる日本』という本を出版。この本の中で、日本民族はアイヌ、中国人、韓国人、南アジア人、そしてユダヤ人の混血であると述べ、古代イスラエルの宗教と日本の宗教の類似点を次のようにあげています。
①ユダヤの祭司の胸に当てる「エポデ」は12の四角の石版をはりつけたもので、それは（日本神道の）神官の石帯と類似している。

②ユダヤの神殿に聖所と至聖所があるように、日本の神社にも拝殿と本殿とがある。
③参拝の前に手を洗う禊ぎ・清めの習慣は、ユダヤの幕屋（移動式の神殿）と日本の神社にだけある。
④ユダヤの祭司と日本の神官の着る衣は、同じ麻の白妙の衣、そして同じく房がついている。
⑤ユダヤの幕屋時代の祭壇と、伊勢神宮の石垣は天然石を用いている。
⑥収穫物を揺り動かす揺祭と、日本の神官が榊を振り回すお祓いが類似している。
⑦契約の箱をかつぐことと神社の御輿《みこし》の形が類似していて、寸法もほぼ同じである。
⑧御輿は水と関係があり、徒御という言葉から見て、ヨルダン川の故事を思わせる。
また、沖縄の風習についてもこう言及しています。
・横に穴を掘り、そこに骨を納め、漆喰で白く塗っている沖縄の墓は、ユダヤの国の墓そのままである。
・牛を殺しその血を自分の家の門に塗り、一切の疫病を払う看過牛《かんかうし》という風習があるが、それはユダヤの過越《すぎこし》の祭りそのままである。その風習は大島や徳の島にもある。

また、日本の山伏が、兜巾《ときん》という黒い箱を額につけて法螺貝《ほらがい》を吹く姿は、角笛《つのぶえ》を吹くユダヤ人と日本人にしか見られない。

さらに中田氏は、日本の古名である「瑞穂の国」の「ミズホ」は、ヘブライ語の「東方の日出づる国」を意味する「ミズラホ」に由来するのではないかと指摘しています。

ユダヤ人と共通する日本の言語と遺伝子

昭和31年（1956）に『日本ヘブル詩歌の研究』という本を出した神学博士の川守田英二氏は、囃子《おはやし》詞にある日本語として理解できない掛け声や合いの手の多くがヘブル（ヘブライ）語であるといいます。たとえば次のような言葉です。

・「エンヤラヤー」は、ヘブル語で「エァニ・アハレ・ヤー」となり「私は神を賛美する」を意味する。

・「エッサ」は、ヘブル語で「上げるぞ」を意味する。

・「ラッセ、ラッセ、ラッセラー」（青森のねぶたの掛け声）は、「動かせ、動かせ、高

き へ 進め」の意味。

日本の風習と言語を研究していたヨセフ・アイデルバーグ氏は、昭和59年（１９８４）に『大和民族はユダヤ人だった』を出版しています。

同氏は、ヘブル語やアラビア語、フランス語など7カ国語を自在に操る語学の天才で、日本語とヘブル語の共通点に着目。世界には中南米のマヤ人をはじめ「失われたイスラエル十支族」の候補となる民族がいるなかで、日本語のようにヘブル語起源の言葉を多数持つところはないと指摘し、５千語以上のリストを作っていたといいます。

たとえば、大和朝廷の「ヤマト」は、ヘブル語アラム方言で「ヤ・ウマト」と分解され、「神の民」という意味になるといった具合です。

一方、遺伝子からユダヤ人と日本人の関係について取り上げている研究者もいます。ユダヤ文化研究家でサイエンスライターの久保有政氏は、著書『日本とユダヤ　運命の遺伝子』の中で、１９７５年に設立されたイスラエルの十支族調査機関「アミシャーブ」が行ったＤＮＡ検査について紹介しています。

それによると、遺伝子研究によって、チベットに住む少数民族は、失われたイスラエル十支族の末裔であることが判明しているそうです。そして、チベット人は日本人と遺伝子の距離が最も近いことなどから、両民族は共通の祖先を持っていると考えられ、それがユダヤ人ではないかというわけです。

そこで、簡単に説明するとこうです。

・父から息子への遺伝情報を示す「Y染色体DNA」でみると、日本人の約40％はY染色体の「D系統」の持ち主である。

・D系統は世界中でも非常に珍しく、「日本人とチベット人」だけが高率で持っている。

・遺伝学者によれば、D系統は世界中のユダヤ人グループに広く見られる「E系統」と同じ仲間であり、同一の祖先から来たとされる。

・日本人はD系統を顕著に持ち、ユダヤ人はE系統を顕著に持っていて、両系統は「YAP（ヤップ）」と呼ばれる特殊な塩基配列を持っている。

・YAPはD系統とE系統だけが持ち、他系統にはない。そのためDとEは「YAP型」とも呼ばれる。

・E系統と同様、D系統は顕著なYAPを持つ。これは両者が同じ祖先から来たことを示す。すなわち、D系統（日本人）とE系統（ユダヤ人）は同祖である。

このように、イスラエルの調査機関「アミシャーブ」は、日本人とユダヤ人は同祖であると結論づけています。

「失われた十支族」は日本に来ていた

「失われた十支族」とは、旧約時代のイスラエル十二部族のうちの、行方が知られていない十部族のことです。彼らは、紀元前722年にアッシリア帝国によって滅ぼされた北イスラエル王国の民で、虜囚としてアッシリアに連行された後、アッシリアと南ユダ王国との戦争によって過酷な迫害を受けたために東の地に逃れ、その後の行方が知れないことからそう呼ばれています。

旧約聖書によると、北イスラエルがアッシリアに滅ぼされてしまった理由は、王が神の命令に従わなかったためだと記されています。

経緯はこうです。

・神は北イスラエル王のヤラベアムに「私の定めと戒めを守れ」と命じたが、ヤラベアムはその命令を守らず、ベテルとダンの街にバアルの祭壇を築いて、民衆を偶像礼拝の罪へといざなった。
・この「ヤラベアムの罪」以来、北イスラエルの19人の王たちは皆ヤラベアムに習い、バアルをはじめとする邪神を崇拝して悔い改めることがなかった。
・神は多くの預言者を遣わし、邪道に堕ちた北イスラエル王国を連れ戻そうとしたが、王も民衆も悔い改めることなく、紀元前722年、アッシリアに侵略された。
・この時一部は南ユダに合流し、一部はサマリアに残ったが、大多数はアッシリアに連行され捕囚として生活した。（『旧約聖書』列王記下　歴代誌下）

その後、アッシリアと南ユダの戦争時に東に逃げ、消息がつかめない十部族に関する記録がないことから、ユダヤ人たちは自分たちの子孫の行方を現在もなお調査しているのです。

失われた十支族はどこに行ってしまったのか？　聖書研究者によると、それは『旧約聖書』に預言されているといいます。

「主は、あなたをあなたの立てた王とともに、あなたも先祖も知らない国に行かせ

られる。あなたはそこで、木や石で造られた神々に仕えるようになる」（『新共同訳聖書』申命記28章36節）

木や石で造られた神々に仕える民。

日本の古神道や修験道（山岳信仰）が木や石をご神体としていることは周知の事実で、このような国は日本をおいて他にはありません。

以上の点からも、失われたイスラエル十支族の人びとが、おそらく縄文後期から弥生時代にかけて、はるか東方の異国の地である日本列島に辿りついていたことは明らかです。

イスラエル十支族は、シルクロードを通り大陸を経て日本列島に辿りつき、古代ユダヤ人の信仰は日本に引き継がれた……。そして、彼らの信仰や風習がいまなお日本の神社や祭り、風習として残されているのです。

淡路神業の秘儀と聖師の遺言

著名な日ユ同祖論者の一人に三浦一郎氏がいますが、彼は戦前からの大本信徒で、戦後の教団復興に活躍した人物ですが、実は私の叔父に当たります。三浦氏は『九鬼文書《くかみもんじょ》の研究』でも知られており、「三村三郎」というペンネームで『ユダヤ問題と裏返して見た日本歴史』という著書を著しています。

この本によると、日本で最も多い稲荷神社や八幡神社を建てたとされる秦氏はユダヤ人の直系であり、宮中にある神鏡の裏がヘブライ文字で刻まれている、伊勢神宮の外宮《げぐう》の祭神はエホバの神でご神体はユダヤのマンナの壷である、神武天皇はダビデの血統であるなどの説が紹介されています。

また、剣山《つるぎさん》のソロモンの秘宝、淡路島のユダヤの遺跡、キリスト日本往来説など、日本に秘められたユダヤの痕跡を収録し、日ユ親善運動に伴う弾圧の歴史や、小谷部全一郎、山本英輔、小磯国昭、石原莞爾《かんじ》、犬塚惟重《これしげ》、仲木貞一、中田重治《じゅうじ》、下中弥三郎、安江仙弘《のりひろ》、高根正教《まさのり》、武智時三郎、川守田英二など日ユ同祖論に関わる戦前・戦後の人脈についてもすべて網羅しています。

このように、日本の歴史の裏側には明らかにユダヤ人の痕跡が見て取れるわけですが、聖師が他の日ユ同祖論者と決定的に異なるのは、ユダヤ民族と日本民族の霊的な存在理由について明言している点です。

聖師は、ユダヤ人は神命奉仕者で、神に選ばれた「選民」であり、一方、日本人は天孫民族だから「神の直系」である、と述べています。要するに、もともと富士高天原に住んでいた神人（高天原人種あるいは天孫民族と呼ばれる）が、世界を統治すべく各地に広がり、その末裔がイスラエルの民（セム族）となり、再び日本に戻ってきたというわけです。

こうした日本とユダヤの関係をふまえておかないと、淡路裏神業の意味はわかりません。すなわち、ユダヤ人と日本人が自らの本来の使命に目覚め、宗教という枠を超えてお互いに手を結ぶことによってみろくの世を築いていく、これが神の経綸だということです。

そのためには、これまでの表の日本史では封印されてきた裏の歴史を表に出す、すなわち、古代ユダヤ人が日本に移り住んでいたという確かな物的証拠が必要です。

最後の裏神業の地である淡路には、聖師によってその雛型経綸が示されていました。

北伊勢神業から、その最終段階である淡路神業が着手されたのは、昭和10年（1935）12月に起きた第二次大本事件の直前でした。

聖師から淡路神業の秘儀を託されたのは、大本の部外者で、表の歴史舞台の中心を担った天皇家に滅ぼされた白山王朝（古代南朝）の子孫にあたる白山義高氏です。

聖師が昇天されたのは、昭和23年（1948）1月19日。それから4年後の昭和27年（1952）10月16日、淡路島において歴史的な大発見がありました。淡路島の四州園《ししゅうえん》内において、古代イスラエルの遺跡が発掘されたのです。この遺跡は日本で22番目のイスラエルの遺跡と見られ、最も重要視されています。もちろん、発掘したのは白山義高氏です。

「世界平和のためにこの遺跡を世に出せ」「その後で井戸を掘ってもらいたい」

これが淡路神業の秘儀であり、聖師の〝遺言〟だったのです。

白山氏は聖師から命を受けた時の様子をこう述懐しています。

「すると聖師のいわれるには、

皇道大本の究極の宗教原理を示す雛型建設の必要がある。それでは淡路の神代村といふ地に大井戸を掘上げて貰ひ度い。然し実際に、工事に着手するのは、十年先のことであるから、それまでに、淡路島の古文化遺跡の史料調査をして欲しいと要所要所の差図を受けました。

間もなく第二次大本弾圧があって、出口聖師は投獄され、同時に皇道大本の宗教的雛型たる神殿は取拂はれ（原文のママ）てしまいました。これも何かの雛型の教の部類に入るのでありませう」

事の経緯は、白山氏が書いた『エル・エロヘ・イスラエル』（淡路古文化開放協会／BOOKS成錦堂／武智塩翁・解説者）という小冊子に詳しく書かれています。

それによると、聖師は、大本の信者ではない白山氏に対して「お前は一宗一派に囚われてはならない」と大本内部には入らせずに、死ぬ間際まで白山氏を指導し、「世界平和のためにこの遺跡を世に出せ」と最後の言葉をもって淡路島の秘儀を託されていたことがわかります。

この遺跡発掘の際には、立会人として、米軍大佐の肩書きをも持つユダヤ教大司教のM・J・ローゼン師や日本イスラエル協会会長小林幸一氏などが遺跡を見学しています。

その日の夜、ローゼン師は近くの小学校で遺跡の意義を述べるべく講演を行い、熱心に聞き入っていた聴衆は拍手万雷、絶賛したといいます。

ローゼン師は、その講演で次のように語っています。

「今や太陽はイスラエルの上に、昇り始めました。預言者の言うとおり祖国は再建されました。

日本も戦争に負け、古い日本帝国は亡び、新しい日本皇国が再建されました。日本人は古い歴史と文明を持った国民です。

私は、日本は絶対にユダヤ人を迫害しなかった事を知っています。～略～

この新しい日本と、新しいイスラエルとが、相提携すれば、いかに強力なものになるでしょう。世界に平和と幸福をもたらすものは、この二つの国旗であります。ごらんなさい。太陽と星とであります。太陽は昼の世界を照らします。この星は夜を司る司令者なのです。全世界がなやみの時は、この暗黒の世界を導いてゆくものは星であります。太陽も世界に正義の観念を與へます。この二つがお互いに手を組んで進んで行こうではありませんか。

偉大なる太陽の国シオンよ、目を醒ませ。その努力と貢献は必ずや世界に平和と幸福をもたらすでありましょう」

「日本は絶対にユダヤ人を迫害しなかった」ことに関しては、戦時中、多くのユダヤ人を助けたことで知られる杉原千畝《ちうね》氏の逸話があげられます。

第二次世界大戦の際、外交官だった杉原氏は、リトアニアの領事館に赴任していて、ナチス・ドイツの迫害によりポーランド等欧州各地から逃れてきたユダヤ系の難民に対して、自らの判断でビザを発行して6千人ほどのユダヤ系難民を救いました。当時のユダヤ人たちの逃げ場は唯一、オランダ領のキュラソー島だけで、そこに行くためにはソ連、日本を通過する以外、道はなかったのです。

しかし、この時、日本とドイツは同盟関係にあり、ユダヤ人を助ければドイツに対する裏切り行為になります。杉原はビザ発行の許可を得るために日本の外務省に電報を打ちますが返事はなく、何度も何度も打った結果、やっと返ってきた回答は「ノー」でした。「私の一存で彼らたちを救おう。そのために処罰をうけてもそれは仕方がない。人間としての信念を貫かなければ」と決心した杉原は、懸命にビザを書き続け、その結果、難民たちは無事に避難できたのです。

このため、杉原千畝は世界中のユダヤ人から「日本のシンドラー」と呼ばれ、全世界の人たちから尊敬の念を向けられているのです。

「女陰」の彫像とヘブライ語で書かれた石版

イスラエルの遺跡の話に戻ります。

遺跡発掘のもようは、地元「神戸新聞」にも何回かにわたって掲載されました。

「神戸新聞」（昭和27年10月13日付）に載せられた記事から引用します。

『～略～現在同島で調査している伊勢古事記研究会長武智時三郎氏の話によると、イスラエル人が日本に来たことは間違いなく、とくに、（1）地質学上からみて、日本では、淡路が一番古い土地といわれる。（2）淡路の先住民族は、アイヌといわれるが、アイヌ人は言語的にもイスラエル人に通ずる。（3）現場の古茂江（コモエ）という小地名は、ヘブル語では、「秘の上のこも」という意味で、石棺の存在と符号する、などをあげている。

　発見者の白山氏は、「今から、3千年前以前にダビデの縁者とみられる者が、ある意図をもって、ここに構造物を置いて行ったのではないか」という推理を導き出しており、今度の発掘によってこれを実証づけることになった。

しかし学会ではこれに対し、(1)この推理を否定する材料は今のところ何もないが、時代考証は伝承によっているので学問的実証にはならない。(2)イスラエル人またはユダヤ人が日本に渡来したということになると、大和民族論を覆すばかりか国体や皇室にも影響がある、という二点を理由として、積極的な動きはこれまであまり見せていないが、この発見についての興味と学問的な認識はもっている、といわれる。

~略~

なお現在イスラエル共和国に照会中の同国内の碑文(古代文学)の解読文を入手すれば、この発見は実に裏づけの要素を深めることになるであろうと白山氏は語っている。~略~』

遺跡が発見された場所は、淡路洲本市古茂江《こもえ》、小路谷《おろだに》の海岸、四州園《ししゅうえん》内の小磯とよばれる景勝地の海岸に突出した盤岩の岬。淡路島で最も高い諭鶴羽《ゆづるは》山を基点とし、海岸線に沿って反時計回りで22カ所発見されました。

淡路島で発見された22カ所にのぼる古代イスラエルの遺跡。なかでも特筆すべきなのは、古茂江で発見されたユダヤの古代印の刻まれた石棺です。

石棺は、地下1メートル四方にわたってV字型に置かれていました。天井には蓋がしてあって、なかには6～9㎝ほどの石や「青玉石《せいぎょくせき》」が置かれてあり、さらに自然の岩盤の裂け目を利用し火を使って彫像された「女陰」や、ヘブライ語で書かれた「石板」などがありました。

ローゼン師の立ち会い調査で、これは3千年以上も前のユダヤの石棺であることが確認されています。

古茂江はヘブライ語で「秘の上の菰《こも》」という意味で、菰とはヘブライ語で「聖なるものの覆い」という意味です。つまり、聖なる秘部を覆う菰が古茂江《こもえ》という地名の語源になっていたのです（北伊勢神業が行われたのも三重県「菰野町」です）。

また、淡路島には油谷《ゆだに》という地域があって、そこには古代ユダヤ人たちが住んでいたという言い伝えがあり、

淡路島で毎年2月11日に開催されている由良湊神社の「ねり子まつり」では、数え年3歳の子どもの額と頬に十字が書かれる。

また四国の鳴門側に位置する洲本市は、言霊《ことだま》的にはスの素（元）で、スとは「宇宙万物が発生すること」であり、統一という意味もあります。

さらに、洲本市由良《ゆら》町は、近畿・四国地方の霊峰の三山（兵庫県の千ヶ峰《せんがみね》、奈良県の玉置山《たまきさん》、徳島県の剣山《つるぎさん》）のラインが重なる「千ヶ峰トライアングル」で、ユダヤの神聖図形である六芒星の中心に当たります（イラスト参照）。

やがて世界の聖地となる「元井戸」

実はこの遺跡の発掘は、白山氏が述べているように2度目であり（『　』内参照）、最初に発掘された時に土地の所有者である四州園という旅館の主《あるじ》が一夜にして原因不明の死を遂げてしまったことから祟りではないかと恐れられ、30年間封印されていたのです。

『其の遺跡といふのは、意外にも、自然の盤岩の裂目を巧みに利用し、其の上に鑿の無い時代の工作を想はせる　火と水との作用で製作した女の陰所（原文のママ）の彫像でありました。

今から三十年程前に一度発掘したことがあって、この預期（原文のママ）せぬ工作物を発見したことがあるが、祟をおそれ再び埋没したといふ曰くつきの存在であります』（『エル・エロヘ・イスラエル』）

聖師から白羽の矢を立てられて、この遺跡を発掘することになった白山氏は、その後、聖師の遺言に従って元井戸を掘ることになり、ついにそれを完成させます。その間のいきさつについて、同じく『エル・エロヘ・イスラエル』の中で次のように述べています。

『昭和十七年八月、私共の井戸掘の機

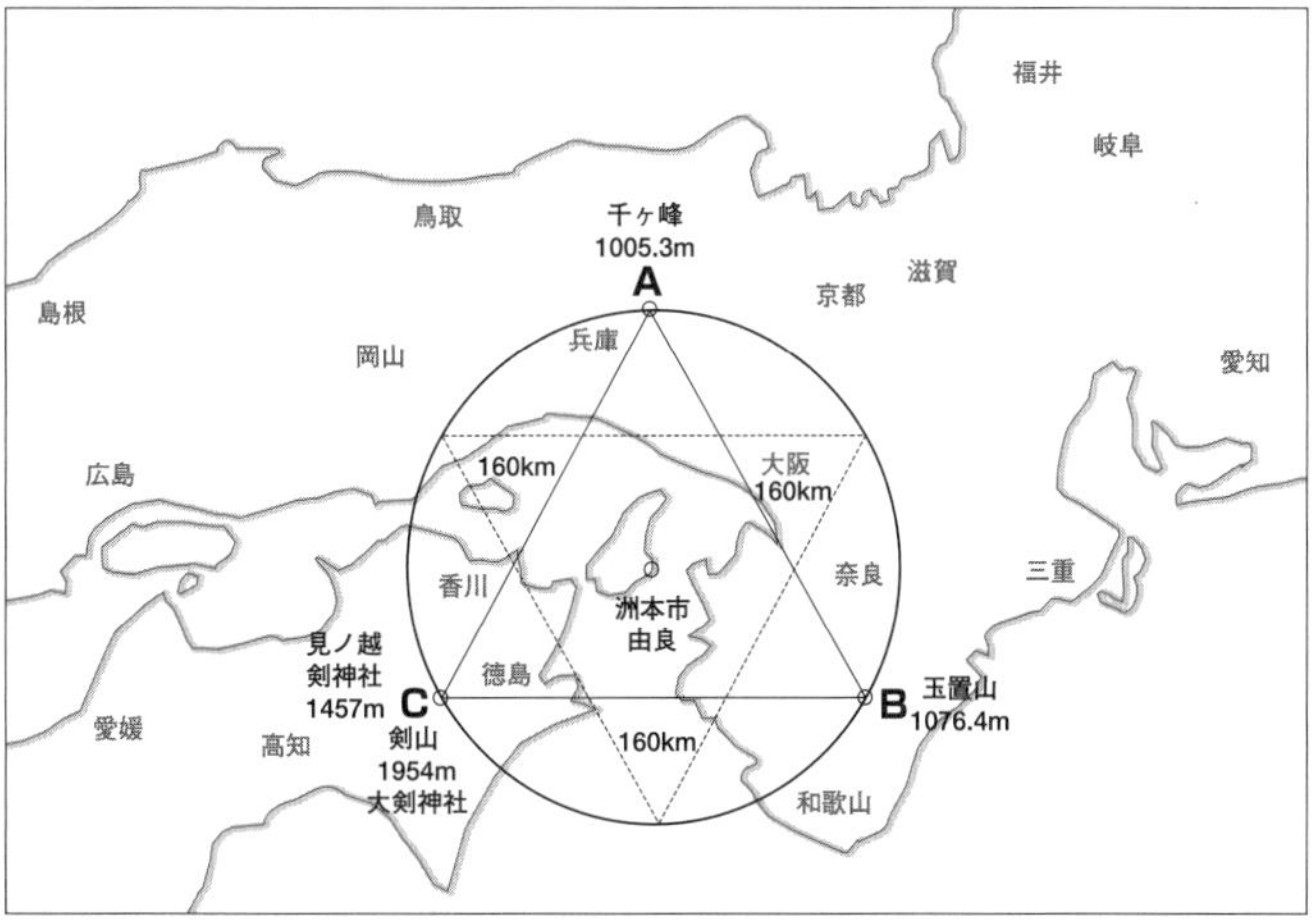

千ヶ峰トライアングル。いずれも聖山といわれる三山の頂上を結ぶと、一辺が約160kmの正三角形が形成され、その中心に当たるのが洲本市由良。

が熟して、着手の段取になると出口聖師は仮出獄の恩典に浴しました。私は井戸掘着手報告のために、京都府亀岡町に向ひました。当時はまだ面会禁止でありましたが、秘かにお会ひすることが出来ました。同伴者は井上功氏でありました。色々とお話のあった後、

井戸掘が始まる相（原文のママ）で目出度い。これは私の無上の歓喜とするところだ。この井戸は元井戸と命名する。最早元井戸さへ出来れば、一安心だ。この意義と目的に就ては、これから月に三四日づゝ講義すれば、大体が解るであらう。但し時節到来まで、他言は無用。元井戸が出来たなら、宗教の目標が出来る訳であるから、そのうち、お前にも解るやうになるであらう。解って貰はねば大事のことを頼むことも出来ぬからな。元井戸が完成する時分には、この戦争も終るであらう。勝つべき戦争がな。忘れんようにせんと負けて勝つ秘法も消えてしまふがな。本当の神業奉仕は、それからだがな。兎に角、元井戸は永久保存の方法をとって貰い度い。こゝも世界の聖地になるだらう。一隅にお宮を建てて、祭るよう。御神体は、その時に下げませう。

さうしているうちに、時機が到来して、ユダヤ人とのつながりが自然に出来るであらう。そのためにはアメリカユダヤに重点を置いて大いに研究するがよい。そのうちに、ユダヤ人もユダヤ国を再建するであらう。これも世界国の雛型だ。

それ以来、私は元井戸の工事を急ぐと共に、毎月のやうに二三日づゝ京都府亀岡へ通ひました。終戦近くの十九年十月には、元井戸が完成し、元井戸の敷地内にささやかな神の祠も出来上ったので聖師に報告すると、聖師は、大本開教当時から保存されてあった銀紙の短冊に御神号を認められて「これを御神体とせよ」と下されました。その時の聖師のお話は、

この御神体は、やがて近江へ移り、更に北伊勢へ移される時が来るが、その都度差図（原文のママ）する。この雛型行事の上にも、第一に淡路の神秘が開発されねば、「不二と鳴門の大本の仕組」は完成せぬ。不二と鳴門の仕組に就ては、皆の者が知ったか振をして、種々と取沙汰をするが、この「大地六変に震動す」の世界文化界の大

問題は誰にもわかっていない。

と語られました。それから間もなく終戦となり、聖師から御神体を近江へ移せと指示されたので、滋賀県甲賀郡大原市場へ移し、元井戸はその儘の姿で保存してゐます。

～略～

私は不二の仕組も、鳴門の仕組も、何が何やら判らないけれども、只管、忠実に出口聖師の筋書通りに突進して、遂に古茂江小磯の古代イスラエル文化遺跡の聖地に日本の国旗とイスラエルの国旗を交叉して、これを広く全世界に告げ知らすまでの役目は果しました。

～略～

問題は走りつくべき地（智）の在り方であります。さて、これから先はどう行むだらよいでせうか。「その心配には及ばない。神業に当るべき人材は用意してある」と聖師は、この預言を遺して昇天されたのであります』

敗戦後の日本を立直す神の計画

そもそも、なぜ聖師が白山氏に元井戸を掘らせたのかというと、最後の経綸を仕組んだ国常立尊《くにとこたちのみこと》（スの神）から次のような神示を受けたからです。

「淡路島の神代に元井戸を発掘し、その一隅に総檜造りの小社を建て、以って密かに日本の立直しの神業を奉仕すべし」

最後の経綸は、無条件降伏の敗戦に帰した日本の立直しを通じて世界を救わんとする神の計画です。この重大な神業を任せられる適任者は、一宗一派の宗教家ではなく、イザナミ命《のみこと》を始祖とする白山王朝の忠臣の御魂でなければならない。そう考えた聖師は、この神示を実行してもらう適任者を探していたところ、白山王朝系の白山氏に巡り合ったのです。

白山氏は、この遺跡の発掘と元井戸づくりのために全財産を投入しています。遺跡にあった「女陰《にょいん》」（女性器）は、白山氏がいうように火（陽）と水（陰）による生命の発生原理の象徴で、イザナギノミコト、イザナミノミコトによる国生み神話を彷彿とさせます。

『古事記』『日本書紀』の国生み神話によると、イザナギ、イザナミの二尊が天の浮橋の上に立って天の瓊矛《さかほこ》で青海原をかきまわし、その矛先からしたたり落ちた潮が凝り固まってできたのが自凝島《おのころじま》で、二尊はこの島に降りて、淡路島をはじめ日本の国土を生んだとされています。

つまり、遺跡は、古代ユダヤの民が最初に辿りついて、子孫を産み育てた土地であることの証。そして、やがて「世界の聖地となる元井戸」は、スの神を出現させるための、いわば霊的な穴です。

すなわち、井戸の下を流れる霊水が鳴門の渦潮と感応し、その霊的エネルギーが世界の7つの海を巡って水を浄化することによって世界全体が清められ、その結果、人類の禊《みそぎ》と目覚めが促される、ということです。

これが、聖師の〝遺言〟であり、そのために仕組まれたのが「不二（富士）と鳴門の仕組み」です。

引き継がれた「桃之宮」

「不二（富士）と鳴門の仕組み」について説明する前に、遺跡から発見された青玉石《せいぎょくせき》がどのような経緯を辿ったかをみておきましょう。

青玉石は、聖師の命によって島内の神代に設けられた、後に「桃之宮」と命名される場所にご神体として祀られました。一説には、この青玉石が北伊勢に奉納されたとの説もありますが、ずっと「桃之宮」に祀られていたのは間違いないようです。

白山氏から裏神業を引き継いだのは、浪上《なみのうえ》千代鶴（本名は宮本千代鶴）という女性でした。土佐の網元の宮崎家に生まれ、四国の石鎚山や淡路島の諭鶴羽《ゆづるは》山で修業していた千代鶴は、昭和30年（1955）頃に淡路で白山氏と出会い、元井戸を託されたといいます。

その後、浪上氏は、小笠原（当時は森）登美古を北伊勢菰野の「錦之宮」に導き、昭和41年（1966）に元井戸の周りを神殿につくり直して「桃之宮」とし、男子禁制の場として奉仕します。

ところが、その後、昭和58年（1983）11月23日に「桃之宮」は焼失し、浪上氏も焼死してしまいます。

「桃之宮」は焼失後、長い間、人知れずそのまま放置されていました。放置されていた「桃之宮」を別の場所に移して祀られたのは、イスラエルの遺跡保存に貢献された淡路の由良《ゆら》出身の魚谷佳代さんです。

魚谷さんは、イスラエルの遺跡がその後、四州園の経営権が現在の夢泉景《ゆめせんけい》に移行した際、ホテルの経営者に対して遺跡の歴史的な意義について訴え、保存することを強く求めたのです。その時の経緯について、魚谷さんはこう語ってくれました。

「私は、なぜこの淡路島が国生みの島かという理由をずっと探究し続けていたんですが、ご先祖さまに導かれるようにして、やっとこの遺跡に辿りつきました。

その時、遺跡を処分しようという話が出ていたので、私は白山さんの書いた『エル・エロへ・イスラエル』を見せて、この3千年近くのすごい歴史をあなた方の判断で無くしてもいいと思われますか？　とつめ寄ったんです。

すると、ホテルの息子さんに当たる専務さんが一週間後に連絡をくださって、『この遺跡を残すことにしました』といってくれました」

この時に遺跡が保存され、その後「桃之宮」が再建されたことによって、「富士と鳴門の仕組み」が実質的に始動し始めます。

平成14年（２００２）に魚谷さんと出会った私は、浪上氏の御魂を鎮め、桃の形をした霊石であるマニ宝珠を再建された「桃之宮」に奉納させていただきました。そして、現在も聖師の遺志を継ぐべく魚谷さんと共に淡路でご神業をさせていただいています。

魚谷さんは、「桃之宮」での再建までの様子をこうふり返ってくれました。

「私が遺跡の案内を頼まれるようになってからしばらくして、櫻井先生（著者）と出会い、桃之宮を別の場所で祀らせていただき、結果的に、聖師や白山さんのご遺志を継ぐことになりました。これもきっとご先祖さまが望んでいたのだと思います。

その時のご神事は櫻井先生が指導してくださったんですが、私にもできるからといわれてやっていたら、それまで降っていた雨が突然やんで、周囲の雑音が消えたのには驚きました。

天理教の中山みきさんが、自分が亡くなってから１００年後に地球がふらふらするので地軸の確立をせよという遺言を残しているんですが、ちょうどそれが平成14年（2002）だったことから、私はこの桃之宮の再建がそのご神業だと思っています」。

つまり、「桃之宮」の炎上は、「至恩郷」と同じく、火の洗礼（禊祓い）による物質文明の立替えという雛型経綸。そして、遺跡の保存と「桃之宮」の再建は、日本と世界の中心たる淡路島という原点に立ち還って、そこで全人類の罪穢れを祓い清め、みろくの世に向けての立直しが始まったことを意味しているのです。

魚谷さんによると、その後、遺跡を訪ねてきた複数のユダヤ人たちから、壮大な歴史ドラマを聞かされたそうです。

それによると、

・イスラエルの地からこの淡路島に辿りつくまでに多くの同胞が亡くなったことから、彼らの魂を祀るためにこの遺跡をつくった。

・なぜ女性の陰所を彫ったかというと、この地で「産めよ増やせよ」という子孫繁栄を願ったため。

・淡路島には勾玉《まがたま》の形をした沼島《ぬしま》があるが、それはヘブライ語で魂を意味する「シュシマ」が由来になっているのではないか。

また、同じユダヤ民族の中でも争いがあったことから、もう争いのない世界をつくりたいと切に願っているユダヤ人もいるそうで、魚谷さんは前イスラエル大使のエリ・コーエンさんに会うなど、この聖なる淡路の地で、日本人とユダヤ人による世界平和に向けた新たな活動の準備をしています。

今も続けられている淡路神業

もし、魚谷さんが遺跡の保存を強く訴えなかったら、古代ユダヤと日本の関係を示す物的証拠は、永久に人びとの記憶から消え去っていたかもしれません。

淡路島で発掘された遺跡は、モーゼの十戒が刻まれた石板、マナの壺、アロンの杖が入っているとされる「ソロモンの秘宝」（失われたアーク）ではなかったようです。ですが、ユダヤ人にとって歴史的に重大な意味を持つ、特別な〝聖なる場所〟であることは疑いようがありません。

魚谷さんによると、淡路島はかつては「淡道島」といわれていたそうで、淡は炎（カ）と水（ミ）でなることから、まさに「カミ（神）の道」だといいます。古代イスラエルの民がこの神の道、淡路島に辿りつき、自分たちの歴史を神話の形で後世に残したとしてもそれはごく自然の成りゆきでしょう。

この「桃之宮」と青玉石については、まだ多くを語る時期ではありませんが、淡路神業はいまもなお続けられていて、真正ユダヤ人との再会を心待ちにしているところです。

ここで、日ユ同祖論に関して、ユダヤ人四国渡来説について補足しておきます。ユダヤの秘宝が眠っているのは四国・徳島の剣山、あ

淡路島にある「桃之宮」。六芒星はダビデの星として知られ、ユダヤ教会堂などで使われており、日本ではカゴメ紋とも呼ばれる。

るいは神山であるなど、阿波（徳島）説を唱える研究者もいるからです。

ソロモンの秘宝については、四国第二の高峰である徳島県の剣山にあるとされる「剣山山頂説」と「神山説」がよく知られています。剣山山頂説は、『四国剣山千古の謎』『ソロモンの秘宝　～四国・剣山に眠る黙示録～』などの著者である高根正教《まさのり》氏とご子息の高根三教《かずのり》氏による「四国剣山顕彰会」の調査研究が有名です。

一方、神山説の神山は、剣山よりも二十数キロほど北東に位置する山で、『ソロモンの秘宝は阿波神山にある』の著者である地中孝氏は、神山にソロモンの秘宝をもちこんだのはエリア（モーセ以降の最大の預言者）の集団であると見て、次のように述べています。

・四国の東部に位置する阿波の神山は、淡路鳴門の近くである。
・航海上、屋久島から黒潮に乗ってまっすぐに行けば淡路島に到着する。
・黒潮の左側を陸地沿いに進むと吉野川に入り、神山の「船盡《ふなはて》神社」まで辿りつく。
・エリア一行は、先に渡来していたヘブライ人からそうした情報を得ていたことから、しっかり用意してイスラエルから船出した。
・先住のヘブライ人の名前は、「アマテル、イザナギ、スサノオ」である。

地中氏によると、神山の山村には庸の時代から3千年変わることなく続けられた高地性山岳農法と生活体験が残っていたといいます。

私の見解では、イスラエルの十支族の第一団はまず淡路島に入ってから、その後に辿りついたいくつかのグループが四国にも渡っていたのだと思います。

それ以外のルートを辿って各地に移っていたグループもいたでしょうが、たとえば徳島県の東《ひがし》祖谷《いや》山《やま》村（現三好市）には「栗《くり》枝《す》渡《ど》」という地名が残っていることなどからも、実際にイスラエルの民が入植していたと思われるからです。

おそらくエリア一行は、淡路に降り立った先人たちに気を使って、淡路島でなく、阿波の神山に定住したのでしょう。もし、エリア一行がソロモンの宝を持ち込んでいたとしたら、ひとが来られないような深山に定住し、母国のシナイ山と重ねて神山を崇めながら静かに暮らしたに違いありません。そして、主である神から「黙せよ」と命じられ、神山の民衆は自給自足の生活をしながら3千年間ひっそりと平和に暮らしてきた。そのために、今ではすっかり忘れられているのではないでしょうか。

火と水の結合を促す「富士と鳴門の仕組み」

さて、淡路神業における最も重要な「富士（不二）と鳴門の仕組み」に話を移しましょう。

「富士（不二）と鳴門の仕組み」とは、スの神の顕現に向けて、火と水、陽と陰が結合する天地経綸を意味していて、その象徴としての「富士山」と「鳴門の渦」が連動することによって〝岩戸が開く〟ということです。

なぜ富士山と鳴門の渦なのか？　富士山は日本一の山で、陽（△）のエネルギーの極み、鳴門の渦は下に向かう陰（▽）のエネルギーの極みです。陽と陰が融合することで✡となり、その中に太陽（＝日本）と星（＝ユダヤ）が入ることを意味しているのです。

「不二」というのは、別々のもののように思われている二つのものが実は一つである、という意味であることから、王仁三郎は富士に「不二」という言葉も当てているのです。

『霊界物語』では次のように記されています。

『また鳴り鳴りて鳴りあまれる、九山八海《つくし》の火燃輝《ひむか》のアオウエイの緒所《たちばな》と云はれて居るは不二山にして、また鳴り鳴りて鳴り合はざるは、阿波の鳴戸なり。「富士と鳴戸の経綸」と神諭に示し玉ふは、陰陽合致、採長補短の天地経綸の微妙なる御神業の現はれをいふなり。

　鳴戸は地球上面の海洋の水を地中に間断なく吸入しかつ撒布して地中の洞穴、天の岩戸の神業を輔佐し、九山八海《はちす》の山は地球の火熱を地球の表面に噴出して、地中寒暑の調節を保ち水火交々相和して、大地全体の呼吸を永遠に営み居たまふなり。九山八《はちす》海の山と云ふは蓮華台上の意味にして、九山八海《つくし》のアオウエイ《たちばな》と云ふは、高く九天に突出せる山の意味なり。而て富士の山と云ふは、火を噴く山と云ふ意義なり、フジの霊反しはヒなればなり』（『霊界物語』第6巻第24章　富士鳴戸）

　つまり、「鳴門の仕組み」は、鳴門の渦潮、すなわち「水」を意味しています。

また、「富士の仕組み」は「一厘の仕組み」と同じ意味で、『伊都能売神諭《いずのめしんゆ》』には「富士の仕組み」の展開が「鳴門の仕組み」だとしてこう述べられています。


　鳴門は成十、七ル十、すなわち、一から始まった仕組が一二三《ひふみ》、三四五《みよいつ》、五六七《みろく》から、七八九と進んで九十《こと》で完成する。

まとめるとこういうことです。

富士山は「火」を、鳴門は「水」を象徴し、共に天地を構成する陽と陰のエネルギー。これを言霊《ことだま》でみると、火は「カ」、水は「ミ」で、火と水が結合することによって「カミ」（土）となる。数霊《かずたま》でみると、火＝五、水＝六、土＝七なので、五六七となり、これがみろくの大神（スの神）の顕現（九十）を意味する。

さらに前述したように、日本人は火（カ）で、真正ユダヤは水（ミ）であることから、両民族の融合、目覚めがカミ（神）を呼び起こすことになるのです。要するに、自然界も人間界も陽と陰のエネルギーの交わりによってダイナミックに変動していることから、「富士と鳴門の仕組み」は岩戸を開くための火と水の結合を意味しているのです。

富士山の直下で起きた地震

九山八海石《くせんはっかいせき》などの霊石は、そのような自然界の仕組みにも働きかけるパワーを持っていて、聖師が笹目秀和《しゅうわ》氏に依頼したモンゴルの崑崙《こんろん》山中に納めさせたご神体もそのような働きを持つ霊石でした。

この霊石は、昭和2年、「○○は霊石が出るので、しっかり信仰に励むよう」との聖師の言葉どおりに櫻井家の近くの場所で発掘されたもので、それまでは大本（亀岡）の至聖所・月宮殿のご神体として祀られていました。

聖師がその霊石を笹目氏に託したのは、昭和10年に起きた第二次大本事件の2日前。その2日後、綾部、亀岡の両聖地はもとより、全国の大本の施設は残らず破壊され、月宮殿はダイナマイトでこっぱ微塵に爆破されたのです。

つまり、聖師は大本が大弾圧を受けることを予期して、その直前、笹目氏にそのご神体石をしかるべき地に納めるように託したのです。私が笹目氏から直接聞いた話では、聖師によるとその霊石を埋めた崑崙山は世界の鼻に当たり、霊石を納めることで鼻の通りをよくして地球が呼吸をしやすくするための業だったそうです。

いわば、地球という生命体のエネルギーを調整する働きがあるのです。

私は持参した同じ種類の霊石を笹目氏に見せ、「ご神体石はこのような石ではなかったですか？」と訊ねたら、笹目氏は、「はい、これと同じ石だと思います。道院に納めるべきご神体がないので、ぜひこの霊石を譲ってほしい」といわれ、深々と頭を下げられたので、私はその霊石を道院に献上してきました（写真参照）。

笹目氏は、崑崙山の仙人から太陽の精気を飲む法や神人合一の法を授けられ、日本に戻ってからは富士山が爆発するのを抑える業をしていたそうです。ところがその後、崑崙山の仙人が亡くなったことから、笹目氏は晩年、「これから世界は混沌とするだろう」と予告をした後、平成9年（1997）にこの世を去りました。

ご神体として祀られている霊石は天地宇宙のエネルギーを調整するために使われていることからも、今後、富士山に何らかの異変が起きることが予想されます。

今年（平成23年）3月11日に起きた未曾有の東日本大地震はその前兆であり、「富士と鳴門の仕組み」がいよいよ発動したことを伺わせる出来事です。なぜなら、

笹目秀和氏（右）と。日本の道院の創設者である笹目氏は、モンゴルの独立を守るための人材育成に力を入れていた。

この三陸沖を震源とする大地震に誘発される形で、3月15日（数霊《かずたま》で十八＝五＋六＋七）にマグニチュード6・0の地震が富士山の真下、富士吉田市で起きたからです。

富士山は数年前から低周波地震を起こしており、今回の地震で富士山の噴火が誘発される危険性があることが専門家によっても指摘されています。

『名古屋大地震火山・防災研究センターの鷺谷威教授は「火山の地下はマグマや熱水で壊れやすいため、群発地震が誘発された」とした上で、「正直に言うと、気持ち悪いのは富士山との関係だ」と明かす。

富士山の直下では約10年前、マグマ活動との関連が指摘されている低周波地震が頻発した。その後、静穏化したが、今回の伊豆地方の地震の震源の深さ約14キロは、この低周波地震の震源に近いという。

鷺谷教授は「富士山は宝永の大噴火から約300年が経過し、いつ噴火してもおかしくない。今回の地震が引き金になる可能性もあり、推移を注意深く見ていきたい」と話している』（2011年3月16日付『産経ニュース』）

一方、かねてから富士山の噴火が近いことを予測していた琉球大学名誉教授の木村政昭氏（海洋地質学者）も「東日本大地震後の富士山付近での地震活動が活発になっている」と自身のホームページ（http://web.mac.com/kimura65/Site2/Home.html）で述べています。

「2011年、東日本大地震が東北日本沖で起きてまもなく、富士山付近で地震活動が活発になってきた。これは今回の巨大地震の影響ではないかとは誰でも疑う。果たしてその可能性はあるのか？～中略～

火山が噴火に至る段階を2つに分けています。～中略～もしマグマが深部に発生すると、プレートの潜り込みにより深部の火道が圧縮されて、深部のマグマ溜まりにマグマが満ちて周辺の地殻を圧縮して、微小地震を発生させる。この時の地震活動がある地点に集中して起こる時、これを〝噴火の目〟と呼んでいます。～中略～

ちなみに、2000年に大噴火した三宅島の断面を見てみると、大地震の場合と同じように火口から離れたところに火山の輪と呼べる微小地震の活動域があり、それとは別により火道に近いところに微小地震活動域（噴火の目）が認められます。この後大噴火となったのです。～中略～

ここで重要なことは、～中略～今年の3月10日、すなわち東日本大地震直前に、富

士山体下の活動が～中略～活発になってきたことです。～中略～
東日本大地震後の富士山付近での地震活動が活発になったことと併せ考えると、これは、溶融溶岩のさらなる上昇を示す可能性があり、精密検査が必要と思われます」（3月27日）

人類が神意識に目覚める時がきた！

このような事態が訪れないことを願うばかりですが、いずれにしても、この原稿を書いている現時点（2011年4月）では福島第一原子力発電所の事故の影響が最も懸念され、国難ともいえる事態に直面しているのは事実です。しかし、だからこそ、日本人の知恵と技術力を結集して何としてもこの難局を乗り越えていかなくてはなりません。

もしかしたら、これまでに表に出ていない画期的な新技術や世界各国からの心強い支援の輪が広がることでいち早く危機を乗り切ることもできるかもしれません。

世界の人びとが日本の行く末を案じ、その姿を注視しています。この危機を乗り越え、教訓として世界に範を示すためにも、日本に住んでいる私たち一人ひとりが本来、神の分霊であることを思い出し、神の子としての底力を発揮しなければならない……。

もちろん、物質的な面での復旧・復興も大切です。しかし、もっと大切なのは、意識の覚醒ではないでしょうか？　もし、人類が今後、霊主体従の世に向かうのであれば、物理的危機よりも精神的な危機の方がより深刻です。

聖師は、「人は天地経綸の主体」だと述べています。すべてのものの中に神がいる。その神とは普遍的な霊であり、霊は形をもたない。私たちの中にも神がいて、神の子として天と地をつなぐのが人間の役目であるということです。

「偉大なる太陽の国シオンよ、目を醒ませ！」

このユダヤの大司教のローゼン師の呼びかけは、出口王仁三郎聖師の思いそのものです。

そして、大本事件の根本原因は、聖師が「本当の神は人にあらず。宇宙の創造主の主、スの神を祀らねばならぬ」と公言したことによります。

まさに、命がけで「宇宙神との一体化」を説いた王仁三郎聖師！　私たちは、今こそ、王仁三郎の遺言の意味をかみしめる時ではないでしょうか？　天変地異をはじめとして、さまざまな困難な状況に直面しながらも、その中においてあらゆる争い、対立、不安、怖れを超えて、宗教宗派を超えて神意識に目覚める。

その意味で、淡路神業は、人類が神意識に目覚めるための型だといえます。それは、すべての地球人類が、わけ隔てなく宇宙神であるスの神の分霊であることを自覚し、愛善の精神で生きることの意義を、自らの生き方によって証明することです。

そのように日本人の意識が変われば、ローゼン師がいうように、「その努力と貢献は必ずや世界に平和と幸福をもたらす」に違いありません。

科学技術だけが突出し、精神文化をなおざりにしてきたこれまでの生き方を見直し、アニミズムなどの自然信仰を見直し、自然の摂理を範とする生き方こそが、聖師が望んだ万教同根、万教帰一の生き方につながります。

人類が神の子として目覚め、霊的に生まれ変わるためには、これからさらなる禊《みそぎ》が待っていて、もしかすると産みの苦しみを経るかもしれません。しかし、不安や怖れを持つ必要はありません。なぜなら、あなたの中の神が、その苦難を乗り越えるすべを知っているからです。

パートV

王仁三郎の遺言を検証する

明石・淡路が新たな文明の中心地になる

出口王仁三郎聖師との奇しき縁の謎を追い求め、私が最終的に辿りついたのが淡路島でした。

国生みの島淡路に霊的浄化装置としての元井戸ができたのが昭和19年（1944）の10月。聖師が私に名前をつけてくれたのがその3年後の昭和22年（1947）の10月。

以来、私は30年近く聖師の遺言が何なのかを追い求め、大本裏神業を検証。そして、淡路の地において聖師の遺志がさらに私の中に深く沁み入り、その遺志を現代に引き継ぐべく霊石を世に広める活動を始めて今日に至ります。

これまで自分の存在を明かしてこなかった私がこの本を通して皆さんにお伝えしたいのは、最後に聖師が元井戸を掘らせたその真意です。

元井戸は、日本人の意識の目覚めを促すための霊的な穴です。日本とユダヤの霊的使命を発動させる、エネルギーのツボです。

その目的は、世界の浄化を促し、新たな世の立直しをする渦を日本から発生させること。すなわち、日本人自らが神の子としての自覚を持ち、同じルーツを持つユダヤの同胞とともに、宗教なき世界平和と地上天国建設に向けて自らの使命を果たしていくこと――それが王仁三郎の遺言です。

王仁三郎の意図は、イシヤ（ユダヤ）の仕組みの暴露や謎解きなどという、決して小さなものではありません。この日本を、世界全体を、そして地球という星をまるごとみろくの世に変えることとです。そのために、人霊信仰や偶像崇拝をやめ、物質偏重、金銭至上主義の生き方から、万教同根、霊主体従、愛善の生き方にシフトする。それが王仁三郎の意図であり、親であるスの神の願いです。

「偉大なる太陽の国シオンよ、目を醒ませ！」

このユダヤ司教の呼びかけに応えるためにも、今、日本人一人ひとりの生き方が問われているのです。

聖師の御魂《みたま》に導かれた大本裏神業のメンバーたちは、まさに命がけで神の経綸を実現せんと尽力し、それぞれに縦糸を残してくれていました。私が行ってきたのは、そうした縦糸を集約するたばね神業です。たばね神業とは、縦のラインを横断的（水平）につなぎ合わせること。そして、火と水の結合によって宇宙神の顕現を発動させることです。

それは、各自の魂の岩戸開きであり、それこそが「一厘の仕組み」です。要するに、宗教や霊能者に頼らずとも、一人ひとりが自分自身で魂の岩戸を開ける時代がやってきたのです。

これは、「水瓶座の時代」「アクエリアスの時代」とも呼ばれます。水瓶座の時代というのは、占星術の一つの見方で、春分点が水瓶座に移る時代のことです。過去2千年間は春分点が魚座にあったことから、イエス・キリストに象徴される「自己犠牲（献身）」「権威」「イデオロギー」などが時代を支配していました。

それに対して、水瓶座時代のキーワードは、「博愛」「平等」「自由」「変革」「ネットワーク」です。つまり、宗教や権威に基づくピラミッド式の構造は終わりを告げ、一人ひとりが自立し、かつ、緩やかなネットワークを築きながら新しい価値観を構築する時代に移行しているのです。

このことからも、万教同根、人類愛善という王仁三郎の遺言は、時代を先取りしていたことがわかります。

さらに、つい最近、聖師が淡路島を最後の雛型経綸の地に選んだ理由について、大本とはまったく無関係のある舞踏家が書いた本によって裏付けられることも判明しました。

著者は千賀一生《ちがかずき》氏で、書名は『ガイアの法則』（徳間書店）です。この本は読みやすいファンタジーの形をとりつつ、地球の法則について非常に興味深い説を紹介しています。簡単にいうと、ガイアの法則とは、文明の中心地が、１６１１年の周期で経度22・５度ずつ東西に移動しているということです。

一つの文明の期間は2万５７７６年を16等分した１６１１年で、前半で勃興し、後半で衰退する。つまり、文明が影響を及ぼす期間はおよそ８００年で、東まわりでは、シュメール、インダス、メソポタミア、ガンジス、ギリシア、唐（中国）、アングロサクソン（アメリカ）というように、１６１１年ごとに文明の中心地が移動している。そして、新たな周期は１９９５年（平成7年）に始まっていて、新たな文明の中心地となるのは日本の東経１３５度上に位置する兵庫県の明石市・淡路島である、というのです。

人類は日本を中心に新たな展開を迎える

平成7年（1995）は阪神淡路大震災が起きた年です。しかも、震源地は明石市を通る東経135度線上で起きています。

ガイアの法則に基づくと、これは今後400年間に及ぶ偉大な文明が興るというサイン。そして、平成12年（2000）からの72年間は、1611年に一度訪れる新たな文明創造の節目の初期であるといいます。

さらに驚くのは、シュメール文明の前にも、現在の神戸や淡路島付近に古代文明が栄えていたというのです。シュメール文明が起こる6400年前、すなわち今から1万2000年前に東経135度の淡路島に定住した平和な人が文明を担った。

天皇家の16菊家紋は偉大な叡智のシンボルで、シュメールの王家のシンボルと同じであり、シュメール人は古代日本人の子孫に当たる。16菊家紋は〝聖なるリズム〟のシンボルで、宇宙の創造の力を表している。中央の円はすべてが一つの叡智の世界を意味するスピンの原点で、この聖なる中心からすべての創造リズムは始まる。そして、そのシュメール文化のなごりを古代ユダヤ人が再び日本に持ち込んだ。そのため、古代ユダヤ人が渡来した後の日本語と、渡来以前の縄文人のアイヌ語が同じ文法構造を持っている。これはシュメール文明の故郷が日本であるという証。

このガイアの法則について語ったとされるシュメールの神官は、人類は日本を中心に新たな展開を迎え、新たな文明の誕生に直面していると述べています。

現在という時期は、８００年前に始まったアングロサクソン文明が終焉する時で、次の文明の胎動が始まったところであり、新たな文明は過去６４００年間とは全く異なるものとなる。新たな文明は東経１３５・０度（明石、淡路島）を中心としたものになり、それは西暦２４００年頃に最高期を迎える。今は節目の時で最も大切な時期であり、今生きていることには重要な意味がある。これからが真の創造へと向かう収穫の時である、と。

これは、聖師の予言や『日月神示』の内容とも一致しています。私は、淡路神業こそまさにそのための雛型経綸であったと思います。

日本国の原点ともいえる淡路の地で、来るべき水瓶座時代の金字塔を打ち立てていた王仁三郎。

今年3月に起きた東日本大震災をとっても、人類にとって最大規模の転換期の始まりがここ日本に起きていることは間違いありません。

しかし、たとえ日本が壊滅的な状況に遭遇したとしても、再び奇跡的な復興と世界的な文明を興し得る可能性は大いにあるのです。ガイアの法則でも、地震は未来を示すと同時に、エネルギーの充填を意味しているといいます。

過去、関東大震災や阪神淡路大震災などが起きて一度は壊滅的な状況になったものの、日本および日本人はみごとに復活を遂げました。この類まれな時代に生を受けた私たち日本人は、今、まさに地球の大変動という試練の真っ只中にいます。

しかし、これは新たな文明の胎動であり、産みの苦しみです。そして、一人ひとりが、みろくの世の素晴らしい礎石となる可能性を秘めています。そのためにも、ぜひ内なる神とのつながりを意識して生きていただきたい。私があえて『出口王仁三郎の遺言』と題して本書を世に出したのも、まさにそのためのヒントをお伝えしたいからです。

つくられた神々

それでは、王仁三郎の遺言を一つひとつ確認、検証しておきましょう。

王仁三郎の遺言の一つは、「人霊を祀っている神社仏閣には、本当の神（スの神＝宇宙神）はいない」、それを明らかにすることでした。

実際、日本では傑出した人物を神として崇めてきました。以下はその一例です。

聖徳太子、応神天皇、柿本人麻呂、吉備真備《きびのまきび》、菅原道真、平将門、安陪晴明、坂田金時、崇徳天皇、曾我兄弟、安徳天皇、後鳥羽上皇、新田義貞、楠木正成、武田信玄、上杉謙信、織田信長、豊臣秀吉、徳川家康、大石内蔵助、吉田松陰、明治天皇、乃木希典、東郷平八郎……等々。

また、海外から入ってきて日本の神さまになった次のような例もあります。

大黒さま……インドのマハーカーラ。カーラは黒色を意味していて、日本名で大黒さまとなった。仏教に導入されて寺の守護神となり、天台宗を開いた最澄がとくに尊崇した。

その後、神仏習合となり、大国主命《おおくにぬしのみこと》と同一視されるようになる。

毘沙門天……ルーツは古代インドのクベーラ神。インドの北方を守る神であった。仏教の四天王として崇められ、やはり北方を守る任になっている。単独の場合は多聞天のネームもある。日本の仏教は、インドのさまざまな神々を取り入れる形で持ち込んだ。

弁天さま……古代インドの大河を神格化した豊穣の神。日本では市杵島姫《いちきしまひめ》と習合し、言語、芸術、水、音楽の神となる。弁財天ともいわれ、商売の神さまとなる。

布袋《ほてい》さま……実在した中国の僧。喜捨されたものを袋にいれて修行していたので、袋をかついでいる姿が知られている。

金比羅さま……インドの神で鰐が神格化された。海難よけ、大漁祈願、商売繁盛などの信仰を集めた。

道祖神……古代中国の行路の神に由来する。

閻魔《えんま》さま……梵語のヤマの漢音約で、インドの神。

このように、日本の神さまのルーツやいわれを見てみるとかなりいい加減で、神さまも時代に応じて衣替えをしているのがわかります。

日本人はこのような神さまを信仰の対象にすることによって、商売繁盛、家内安全、病気平癒、金運上昇、縁結び、恋愛成就、安産祈願等々の現世利益を追い求めてきたわけです。

一方、日本のルーツが書かれていると信じられている『古事記』や『日本書紀』（記紀）においても、実は時の権力者によって歴史的な改ざんが行われており、それは多くの専門家たちの研究によっても知られています。

簡潔にいうと、記紀は、時の権力者であった持統天皇と藤原不比等《ふひと》らが作り上げたもので、その目的は、最初に日本を統一していたスサノオやニギハヤヒを神代史から抹殺して、ニセの天照大神《あまてらすおおみかみ》を据えることによって歴史の改ざんを行うためでした。それゆえ、それまで大陸の影響を受けていた星信仰から太陽信仰に変わっています。

日本人にとっての「神さま」は御利益信仰の対象でしかない?!

改ざんされた日本の神話と歴史

かいつまんで説明するとこういうことです。

古代日本の縄文文化は、すべての自然に魂（霊）が宿るとされるシャーマニズムの世界で、とくに太陽信仰を中心にしていた形跡は見られない。

また、三内丸山《さんないまるやま》遺跡などの発見によると、すでに都市国家ともいうべき集落をつくっていて、シベリアや朝鮮半島などとの広範囲な交易があったことが判明している。

その後、古墳時代になると、西アジア系の騎馬民族が北九州や新潟に上陸。スキタイ文化の伝統を引く騎馬民族は、伝統的に太陽信仰を持っていた。

しかし、支配者は太陽ではなく、北斗七星を崇拝していた。これは北斗七星が権力の象徴だったからで、高句麗の壁画古墳では北斗七星のみが描かれている場合もある。

古代天文学では、動かない星の北極星は宇宙の大元、すなわち最高の天神「太極」で、その星の周りを回る北斗七星は、天神を助ける緊密な間柄にあった。また、北斗七星は生と死を司る神であり、人間を生成育養する能力を持つと信じられていた。

飛鳥時代の天武天皇の高松塚古墳では、そのような星信仰を持つ高句麗や道教などの影響を受けていたことが判明しており、高句麗の将軍の淵蓋蘇文《よんげそむん》が天武天皇という説もある。

さらに、奈良時代に入っても、聖武天皇の朝賀《ちょうが》時の礼服には背中に大きく北斗七星が描かれていたとされる。

こうした星信仰が太陽信仰一辺倒になるのが、記紀が編纂された頃（奈良時代）で、それは古墳時代に日本を統一していた最初の王であるスサノオとその息子であるニギハヤヒの存在を隠すためでもあった。

なぜなら、倭《やまと》（大和）の最初の王（神祖）は出雲系のスサノオであり、その息子であるニギハヤヒこそが大和の皇祖であったから。その証拠に、大和一円にある神社の祭神のほとんどは、大物主命《おおものぬしのみこと》、一言主命《ひとことぬしのみこと》、大山祇命《おおやまねぎのみこと》等々だが、それらはすべてニギハヤヒの別称であり、ニギハヤヒは「皇祖」として大和の国の魂と讃えられた（小椋一葉著『消された覇王』）。

スサノオ・ニギハヤヒ祭祀は、ニギハヤヒの長男であるウマシマジの直系の物部氏が司っていた。ところが、仏像崇拝をめぐって物部氏と蘇我氏との争いが起き、物部氏が滅ぼされて大和朝廷の有力者は神武天皇（初代天皇）と共に日向からやってきた一族（蘇我氏・藤原氏）が占めるようになった。

そこで、藤原不比等は、自らの永続性を確保するために天皇家（当時の持統女帝）に取り入り、記紀の編纂に当たって、古代に遡って女帝統治の既成事実を作る必要があった。

さらに、大和朝廷誕生以前に栄えたスサノオ・ニギハヤヒの古代出雲系王朝の痕跡を抹殺することを画策。この時、神武天皇以前の白山王朝も「白山菊理姫《しらやまくくりひめ》」（「白山比咩《しらやまひめ》大神」）の存在と共に歴史から抹殺・封印されたと考えられます（『竹内文書』）。

つまり、スサノオ・ニギハヤヒの国家統一事業を、日向族の祖であるイザナギ・イザナミの業績に置き換え、ニギハヤヒと妻である卑弥呼が持っていた天照大神《あまてらすおおみかみ》の称号を日向女王・向津姫《むかつひめ》に与えることによってスサノオ・ニギハヤヒの業績を抹殺し、全国の神社から二人の名前を消すよう指示した。また、向津姫の甥の磐余彦尊《いわれひこのみこと》を初代神武天皇に据えた（梅原猛『神々の流竄』他）。

藤原不比等が記紀の監修に携わったもう一つの目的が、秦氏と血縁のある蘇我氏の功績を隠すことでした。そして、蘇我氏を制覇することによって藤原氏が勢力を拡大することに成功します。ついには、天皇家を裏から支配すべく、天皇を中心とした政治色の強い神道（太陽信仰）を確立し、それが日本人の信仰対象となりました。

さらに、明治政府によって天皇を現人神《あらひとがみ》として絶対化し、記紀を唯一の神典とした政教一致の国家神道政策の徹底によって真の歴史が抹殺され、日本人のほとんどがスサノオやニギハヤヒの存在を忘れ去ってしまったのです。

そして、このように改ざんされた記紀神話に基づいて日本の歴史が教えられてきた。

要するに、私たち日本人は、改ざんされた祭神を拝み、そして改ざんされた歴史を教えられてきたのです。

イスラエル十支族とニギハヤヒ

では、日本人の本当の歴史はどうだったのか？

縄文時代まで遡ると、その頃、日本列島に住んでいた日本人（先住民）がいたことはわかっていて、その後、中国や朝鮮半島から渡ってきた人たち、あるいは南方から上陸した人たちがいて、その中には前述したイスラエル十支族の人たちもいたということです。

つまり、いろんな人種の混血が現在の日本人となっているのです。

縄文後期から弥生時代（旧約の時代から新約の時代）にかけて日本に入ってきたと思われるイスラエル十支族は、中国、朝鮮半島から対馬に渡ったルート、あるいは西日本、出雲を経て淡路島や四国に渡り、そして大和に入って日本列島を北上したルートなどいくつか考えられます。

いずれにしても、その子孫が秦氏や物部氏、海人族などで、彼らが各地に広がることで古代ユダヤの風習が日本各地にちらばって定着したのだと思われます。

ここで、秦氏とニギハヤヒ、物部氏、ユダヤの関係について補足しておきます。

上田正昭著『日本人〝魂〟の起源』には、「ニギハヤヒは長髄彦《ながすねひこ》の妹の鳥見屋媛《とりみやびめ》と結婚して可美真手命《うましまでのみこと》という息子を得て、その命《みこと》の子孫が物部氏の祖先になっていく」と書かれています。また、ニギハヤヒが河内に降臨した様子も詳しく記してあり、上田氏によると、ニギハヤヒの神話自体が北方系要素を含んでいるといいます。

言語・歴史学者の佐伯好郎博士によると、渡来民族である秦氏によって日本に景教（古代キリスト教の教派「ネストリウス派」）が伝わったとされ、秦氏は古代ユダヤ人の末裔とみられています。景教は「光の教え」という意味で、景教の教会は唐の時代には太秦寺という名称で呼ばれていたそうです。

佐伯博士によると、秦氏は西日本に入り、日本海各地に大避《おおさけ》神社と号する神社を建立し、また京都の広隆寺の隣に秦の始皇帝を祭神の一つとして建立した大酒神社も、昔は大闢神社と号していたといいます。

同神社が管理している「木嶋坐天照御魂《このしまにますあまてるみたま》神社」にある三柱鳥居という珍しい鳥居は三位一体をあらわし、また、「いさらい井戸」はイスラエルの転訛で、このことからもイスラエルの失われた十支族の末裔であると推察されます。

政治的に利用されてきた宗教

このように、古代ユダヤ人が日本に与えた影響は計り知れないものがありますが、もちろん、それ以前の日本に文明がなかったわけではありません。

日本の歴史はさらにそれよりもはるかに古いことの一つの証しとして、以下の2つの史実をあげます。

一つは、鹿児島県曾於《そお》市の耳取遺跡です。これは、大隅半島の付け根近くにある遺跡で、ここから「耳取ビーナス」と呼ばれる軟質シルト質頁岩《けつがん》の線刻礫《せんこくれき》が出土しました。これはおよそ2万4千年前のものとされ、同時代の日本列記で実用品以外の石器の出土が少ないことから注目を集めたといいます。

また、平成11年（1999）に発見された、同じく薩摩半島の水迫《みずさこ》遺跡は、約1万5千年前の後期旧石器時代から弥生時代中期にわたる複合遺跡と確認されています。これにより、当時の人びとが火を使用して暮らしていたことがわかっています。

つまり、はるか石器時代から何度も文明が興り、また滅亡しているわけで、古代文明の痕跡は遺跡の発掘調査によって知るしかなく、縄文時代からの歴史が知られるようになったのも比較的最近のことなのです。

ところが、宮内庁は天皇の墓は神聖なものだという理由で、考古学的な調査に対して非協力的です。しかし、古墳を調べて本当に名前どおりの天皇が葬られているかどうかを確認してみれば、日本の本当の歴史もはっきりするのではないでしょうか。

私たち日本人の本当のルーツや歴史を知って、政治的に利用されてきた作為的な宗教に疑問を持ってもらいたい。それが王仁三郎聖師の願いでした。なぜなら、それによって日本人の役割・使命がわかるからです。

さらにつけ加えるならば、現在取りざたされている「アセンション」に向けての心構えにもつながります。アセンションとは、地球や人類の次元上昇を意味していて、これまでとはまったく異なる意識の世界が到来するということです。

これは、王仁三郎聖師や『日月神示』がいうところの「半霊半物質」の時代になるということです。要するに、物質が主体であった時代から、微細なエネルギーや波動が主体となる時代への移行を意味しているのです。

日本人の信仰を支えてきたのは古神道・修験道

ここで、日本人の信仰について確認しておきましょう。

実は、古くから日本人の信仰を支えてきたのは、現在の神道や仏教ではなく、古神道や自然信仰、山岳信仰としての修験道でした。

修験道の始祖は、役行者《えんのぎょうじゃ》と呼ばれる役小角《えんのおづぬ》ですが、持統天皇（第41代天皇）と藤原氏の手によって国家神道が形成された際、それまでの物部神道の抹殺が行われ、その後、次の文武天皇（第42代天皇）によって役小角も追放されてしまったのです。

前述したように、今の国家神道の原型をつくったのは藤原氏で、もともとは中臣氏の一族です。平安時代の神道資料である『古語拾遺《こごしゅうい》』には、斎部広成《いんべひろなり》が藤原氏のやりたい放題に腹を立て、「中臣の馬鹿・馬鹿……」と書いてあり、このことからも藤原氏が自分の一族だけの繁栄をもたらすためにそれまでの神道を改ざんしたことが伺えます。

つまり、自分たちにとって都合のよいように神話を作り替え、神道もそれまでの物部系のものと似て非なるものにしてしまったのです。ですから、それ以降は「中臣《なかとみ》神道」と呼ばれ、藤原氏は民衆から税を取り立てるシステムとしてこの中臣神道を民衆に押し付けた。そのため、地方の神さまの中には、「神さまでいることに疲れ果てた。私は仏教に帰依する」と宣言し、それが「神托」となって神仏習合に結びつくようになったのです。

そして、奈良時代になると、優婆塞《うばそく》という在家の僧が生まれ、流浪する人たちが後を絶たなくなるのですが、この中には「藤原以前の」物部神道の祭司もいました。とりわけ、大和の祭祀に深く関わっていた物部氏は、蘇我氏との争いに負けて没落したために「鬼」の烙印を押され野に下り、やがて行き着いたのが修験道です。鬼は、時の権力者たちが制覇された側につけた、「悪者」のレッテルなのです。

修験道は神道、道教、仏教などが混在している観はあるものの、修験者（山伏）の服装や行法の中に、物部氏や秦氏のルーツである古代ユダヤ人の姿と風習が見られることからも、本来の物部神道と同じ系統であることがわかります。

また、役小角は祭事を司っていた賀茂一族の出身です。

このように、修験道は「藤原以前の」古神道とも密接につながっていて、どちらも古代ユダヤの影響を色濃く受けているのです。たとえば、古代ユダヤ人の流れを引いている秦の徐福《じょふく》が辿りついたとみられている熊野は、中国の山東省を船出した除福の船団が和歌山の田子浦に上陸した地として『熊野略記』に明記されています。

また、『熊野権現垂迹縁起《くまのごんげんすいじゃくえんぎ》』によると、役行者が参詣した熊野権現は、「蟻の熊野詣で」といわれるほど参詣人が多く、当時の「伊勢参り」より勢いがあったといいます。

これは、もともと一地方神であった伊勢神宮が、天武・持統天皇の時代に国家神に変えられたことを意味しています。この時から天皇家の祖先を祀る神社とされたものの、歴代天皇が伊勢神宮に参拝したことは江戸時代までなく（明治天皇が最初）、「お伊勢参り」は元来、庶民の信仰対象ではなかったのです。

さらに、熊野修験の本家「鈴木」という姓は日本で一番多い姓名で、日本人の中で熊野信仰（山岳自然信仰）が根強く続いてきた歴史を感じさせます。このように、日本の神道も政治的に利用されてきたのです。

日本でも外国でも、時の権力者が宗教を自分たちの都合に合わせて変えているのは同じですが、庶民の中に残っている魂の遺伝子までは変えることはできません。

今、自然信仰ともいえる縄文文化や修験道、古神道などを見直そうという動きが大衆の中から生まれています。おそらく、長い間、自然と共生してきた日本人の遺伝子がそうさせるのでしょう。

人心掌握のために宗教を政治的に利用する時代は終わりを告げようとしています。権力を持つ人たちは、どうかこれらの事実を心に留めてほしいと思います。

政治的な影響力を持つユダヤ人

次に、王仁三郎聖師の遺言である「日本とユダヤの結合」について考えてみましょう。

日本人が古代ユダヤ人の末裔であることは前述したとおりですが、今のほとんどの日本人はこの事実を知りません。今の日本人にとって、現代のユダヤ人はお金儲けの天才か、いわゆる闇の勢力と称される人たちを連想するかのいずれかではないでしょうか。

たとえば、世界中に地下水脈を張り巡らしているユダヤ人の一人として、世界ユダヤ人会議前会長のエドガー・ブロンフマン氏がいます。彼は、１９５７年から１９８９年まで世界の大企業シーグラムの社長を務めていましたが、シーグラム社はアメリカの「禁酒法」の制定後に酒の密輸業を組織し巨富を得て、それを資金として設立されたといわれています。とりわけ、アメリカにおいてはユダヤ勢力が政治的な影響力を持ちます。

少し古いですが、『読売新聞』（1986年1月26日付）にはこう記されています。

『モスクワ、ワシントンの双方に、在ソ・ユダヤ人の問題を駆け引きの材料に使おうとする者たちがいる。大統領が歴史に名を残したいなら、ユダヤ人問題への対応はきわめて重要である。』

また、世界には5つの穀物メジャーがあり、そのうち3つまではユダヤ系です。それは長い苦難の歴史の中で、食べ物を握るものは力を持つと骨身に染みて知らされてきたからでしょう。

しかし、それまで一枚岩だったユダヤ人も、1948年にイスラエルが建国したことによってその関係が崩れてきているようです。現代のイスラエルはヨーロッパにおけるシオニズム運動（後述）を経てシオニストのユダヤ人によって建国されたもので、その経緯からパレスチナ人およびアラブ諸国との間にパレスチナ問題を抱えていて、同じユダヤ人であってもパレスチナ問題に対する見解が異なります。

要するに、住んでいる国やユダヤ人としての信仰に温度差があるのです。アメリカン・ユダヤ人は実利主義者が多く、イスラエルに帰ると危険であると考える。他方、イスラエルに戻っていったユダヤ人は必ず神が守ってくれると信じている。

この頑なな信仰に基づいたユダヤ人の祖国回復運動がシオニズムで、故国を持たずに世界に離散していたユダヤ人が自分たちの手でパレスチナに祖国を建設したのです。しかし、現在の国際情勢から見ても、その信仰はかつて神風が吹くと信じて日本人が戦争に向けて突っ走ったあげく、あっけなく負けてしまったのと同じくらい希望的観測に基づいているといわざるを得ません。

一方、国際社会において、ユダヤ勢力が世界制覇をもくろんでさまざまな画策をしているという「ユダヤ陰謀論」も数多く世に出ていて、なかには事実関係を示すなど説得力があるものも少なくありません。

元フォーブス誌アジア太平洋支局長でジャーナリストのベンジャミン・フルフォード氏は、『ニーチェは見抜いていた　ユダヤ・キリスト教「世界支配」のカラクリ』の中で、「西欧民主主義」や「近代理性」は、一神教のその原理、その洗脳、その管理システムが姿を変えたものにすぎないとし、ユダヤ経済とアメリカの関係における暗部について詳しく述べています。

もし一部のユダヤ人が本気で世界制覇を望んでいるとしたら、その理由はどこにあるのか？　ユダヤ人が考える世界制覇の理由の一つについて、聖書研究家の宇野正美氏は、『ユダヤが解ると時代が見えてくる』という著書でこう述べています。

「私たち日本人はユダヤ人を十分知っているわけではない。けれども、あの激しい迫害の中をたどってきた民族、そして今も生き続けている彼等を賞賛しなければならない。第2次世界大戦の後、ユダヤ人が2度とホロコースト『ナチの大量虐殺』を許さないと決断したことも理解できる。そしてそれをまったく無くす方法は1つ、ユダヤ人における世界支配であると考えている」

これが本当だとしたら、世界制覇の理由は大虐殺を受けた復讐ということになります。

しかし、仮にそうだとしても、それが許される理由にならないことはいうまでもありません。

世界でくり広げられている一神教同士の戦い

いずれにしても、現実的な問題として、ユダヤ人にまつわるイスラエル・パレスチナ問題が国際紛争や国際情勢を左右する最も大きな原因となっていることは誰の目にも明らかです。

これは、現在の日米経済摩擦・円高ドル安問題をはじめとして、多国籍企業問題、金本位制への復帰問題、株価大暴落、世界大恐慌の問題、さらに中東問題、テロ問題などのすべてに強力な作用を及ぼしています。

こうした問題の根底には、3つの宗教が複雑に絡んでいます。それはユダヤ教、キリスト教、イスラム教です。

ユダヤ教徒は、唯一絶対の神ヤハウェを信仰し、モーセの律法を重んじ、イエスをメシアとは認めずに、旧約聖書を経典としてメシアの出現を待ちわびている――このように今もメシアを待ち望み、メシアこそエルサレム（イスラエル）に神殿を再建する者であり、新たな世界の指導に当たる救世主だと信じている。

一方、キリスト教徒は、かつてユダヤ人の手で十字架にかけられ、後に復活したイエスその人が再臨のメシアであり、終末の時、イエス・キリストによって人類は救済され、神とともにまったく新たな人類の歴史が始まると信じている。

そして、イスラム教徒は、唯一絶対の神アッラーを信仰し、神が最後の預言者たるムハンマドを通じて人びとに下したとされるコーランの教えを信じ、信教を貫いた者だけが死後に天国に行けると信じている。

今年の3月に開始された多国籍軍によるリビア攻撃も、こうした一神教同士による争いの一面があることは疑いようがありません。リビアの最高指導者カダフィ大佐は3月20日、国営テレビを通じて演説し「十字軍の不当な攻撃に直面している。武器庫を開放し全ての国民が武器を手に取った」と述べ、米英仏軍などへの徹底抗戦を呼びかけましたが、米英仏軍を「十字軍」と表現したのは、イスラム教徒が大半を占める国民に「イスラムの敵」だと印象づけ、軍事介入の不当性を強調する狙いがあったと見られています。

しかし、そもそもユダヤ教、キリスト教、イスラム教は異母兄弟のような関係です。ユダヤ教は人類最初の一神教であり、キリスト教もイスラム教もユダヤ教から派生したものだからです。

しかし、いずれの信仰も、自分たちだけが救われると信じている点では同じで、自分たちだけのメシアを待ち望むというのも、少なくとも私には利己的な考えに思えてなりません。

真の神であるならば、分け隔てなく、すべての人類と生命体としての地球を救うべく手を差しのべるはずです。ところが、一神教同士の争いは、お互いに聖戦、正義であると自己を正当化し合うために、果てしなく続く危険があります。

改ざんされた国家神道と戦争に反対した王仁三郎

王仁三郎聖師が万教同根を唱え、真の宗教による世界平和を望んだのは、自分たちだけが救われるとする一神教やメシア信仰の弊害を熟知していたからです。

もちろん、宇宙の摂理としての神、「サムシンググレート」と呼ばれるものは存在します。人間が良心に従ってより成長しようとしたり、人智を超えた偉大なる存在を信じ、生かされていることへの感謝を捧げるのも、その根源的な存在について知っているからでしょう。ただ、今の私たちが忘れているだけです。

そのような普遍的な存在が宇宙神であって、王仁三郎は宇宙神をスの神と呼んだのです。宇宙の意思といってもいいかもしれませんが、そのような宇宙神から見たら、今の人類が抱えている一神教同士の争いは、兄弟げんかのように見えるのではないでしょうか。歴史上の紛争や戦争を見ても、所詮は宗教同士の対立が原因だったり、拍車をかけていることは明らかです。

もし本当の神、宇宙神を信じているなら、万物はもちろん、すべての民族を分け隔てなく愛し、あらゆる壁を超えて平和のために尽力するのが信仰者としての態度であるはずです。とはいえ、そんな客観的な見方ができるのも一神教の枠から外れている日本人だからかもしれません。

社会心理学者の岸田秀氏も、小滝透氏との共著『アメリカの正義病・イスラムの原理病』の中で、「はっきり言えば、一神教が人類の諸悪の根源なんで、ユダヤ教もキリスト教も、イスラム教も、すべてが消滅すればいいんですけれどね」と述べています。

実際、ユダヤ人とアラブ人とは、同じアブラハムという先祖を共有し、民族としても兄弟関係で、同じ旧約聖書を聖典として崇めていて、呼び方は違うものの同じ神を信仰しているはずです。

また、「敵を愛し、自分を迫害する者のために祈りなさい」というイエスの教えが、文字通り実行されれば1日で世界が変わるでしょうし、アメリカが使っている膨大な軍事費と武器購入費が人類の福祉に使われたなら、すぐに世界平和が実現するでしょう。

それができないのが「原罪」だとの言葉が聞こえてきそうですが、だからこそ、神を信仰しているわけで、もしイエスが今の人類の現状を見たら涙を流すに違いありません。

しかし、岸田氏は、一方で仏教もあまり賢くないと述べています。たとえば、日本の歴史をみると平安時代に僧兵による武力闘争があり、江戸時代には仏教徒が幕府と一体となって隠れキリシタンの迫害に加担して冷酷に弾圧。また、第2次世界大戦でも、仏教界は軍部に歩調を合わせた。もし、警告を発し戦争に反対の態度を見せていたら少しは違った展開になっていたであろう、というわけです。

そんな第2次世界大戦中、当時の国家神道や天皇制に与《くみ》せず、戦争に反対し、囚われの身になった日本の宗教団体が一つだけありました。

それが王仁三郎率いる大本です。

当時は、改ざんされた国家神道（前述）と天皇制を旗印とした軍国主義一色の時代だったために、スの神を中心とした世界平和を唱える大本・王仁三郎の真意はまったく理解されなかったのです。

結局は無罪だとして釈放され、政府は賠償を申し出たものの、王仁三郎は「日本人が戦後の苦しみの中にあるのに血税で賠償をもらうわけにはいかない」と断っています。

戦争という名の下に平然と殺人が行われ、世界平和や命の尊さを説く世界宗教もそれを阻止しようとはしなかった時代、ひとり世界平和を唱え、獄中に身を投じる覚悟をしていた王仁三郎。

偏狭な国家神道や天皇制の押しつけに反対し、この戦争は負けると予言していた王仁三郎は、神について問われれば、「結《ゆ》うに結われない、坊主の頭」とユーモラスに答える余裕さえみせていました。そして、平和・文明・自由の意味で「大和魂」という言葉を使い、日本人に対して愛の覚醒を促したのです。

片や、「大和魂」という言葉を政治的な意味合いで使い、人びとを戦争に駆り立てた当局。一方、同じ「大和魂」という言葉を使いながら、本当の日本人の使命・役割を説いた王仁三郎。

このように、大局的な見地に立って自ら命がけで世界平和のために尽力した大本・王仁三郎は、近代の新興宗教や宗教家とはまったく一線を画していたのです。

他の新興宗教とは異なっていた大本

人類学者・比較文明学者の梅棹忠夫氏（故人）は、そんな王仁三郎を高く評価していたそうで、日本語・日本文化研究家の山口隆之氏は、自身のブログ（http://homepage3.nifty.com/fuji-san/）で次のように述べています。

『梅棹先生のご研究の世界観の根底にも王仁三郎ありということを御存知でしょうか。今から半世紀ほど前、まだ「大本」や「出口王仁三郎」が正当に評価されていなかった頃、梅棹先生はいち早くその先進性に驚き、またその思想の豊かさに感激し、かなり深く研究をされています。その一端が中央公論の連載「日本探検」で紹介されたのですが、それをもって歴史の闇に葬られた「大本」や「出口王仁三郎」を知ったという戦後日本人も多かったのではないでしょうか。

その頃すでに高名な民族学者であり、比較文明学者であった梅棹さんは、当然その研究の先にあるべき、「世界平和」という理想を求めて、より広範な事象に興味を持ち始めておられました。その時出会ったのが、王仁三郎の「エスペラント」と「世界連邦運動」でした。

梅棹さんはそこに通底する「人間愛の上に立った理想主義運動」に心から感銘を受けたそうです。そして、王仁三郎の思想や方法論は、その後の梅棹さんの学際的な研究、平和活動の実践などのベースになっていったのは事実だと思います』

また、山口氏は、その根拠として以下の梅棹氏と上田正昭京都大学教授との対談をあげています。

『上田　日本の伝統文化や芸術を重視しながら、他方で世界に向かっていく。梅棹先生は、大本は一人の人間を信仰的に救うことを重視するのはもちろん、世界をどう改善するかという問題を絶えず考えている宗教であり、他の新興宗教とは違うということを『日本探検』の中で書いておられます。私も同感です。伝統を重んじて日本文化をこよなく愛し、しかも世界に向かって発信するというところを仮に「王仁魂」と言うなら、それこそ今日のわれわれが学ばなければならないところではないかと思います。

また、普通は「宗教は芸術の母なり」と言うんですが、聖師は違っていて「芸術は宗教の母なり」だと。芸術が主語で、芸術が宗教を生むんだと。こういう言葉も、普通の宗教家は申しません。

梅棹　私も早くに、その言葉に感動しました。芸術のほうが先行しているんですね。不思議なことですけれど、聖師の中ではそうなっていたようです。この人は真の天才だったと思うのは、耀わんです。よくぞこんなものができたと。あれは常人にできるものとは違う、すさまじいものです。晩年になってから、1年間に3千個ほど作っておられる。次から次から、まさに輝くばかりの色彩の見事な茶わんができた。驚くべきエネルギーです。私は天才の存在というものは、そう簡単に容認しない方なんですが、耀わんについては「完全にお手上げ。甲を脱ぎました」というのが率直な感想で

す』（『不二草紙』２０１０年7月6日付）

一つにまとまらなくてはいけない時代

王仁三郎は、世界平和の樹立に向けて、万教同根、万教帰一の真の宗教を望んでいました。それは、個々人の魂の自立であり、あらゆる権力、権威からの自由であって、これまでの宗教団体が目指していたものとはまったく次元が違います。

そのことをぜひ皆さんに知っていただきたいのです。真の宗教とは、宇宙神の存在を認めながらも、それを擬人化したり偶像化して崇めたてまつるのではなく、自分自身が宇宙神の分霊《わけみたま》であることを自覚し、自分の中にある神性に基づいた生き方を実践することだと思います。

もはや、私たち地球人は、人種や国境、宗教の違いを超えて一つにまとまらなければならない時にきているのです。いかなる宗教宗派も、その時々の時代や地域、政治状況に応じてつくられてきたものである以上、絶対化してはならない。王仁三郎はそれを伝えようとしたのです。

宇宙を創造した、宇宙の真理である神が、そのような地域限定の宗教や独善的な信仰をよしとするわけがないからです。その意味で、私は宇宙神の名前も世界に通用するようにグローバルな表現に変えるべきではないかと思っています。

たとえば、「Center of Universe：センター・オブ・ユニバース」（略してＣＯＵ）というように。これは私が宇宙の中心に入った経験から名づけたものですが、そのときの様子は次章で詳しく述べます。

すべての存在は宇宙に満ちているエネルギーからできていて、宇宙の意思を神というならば、私たちの身魂《みたま》の中にも神性という遺伝子が刻まれているということです。そして、日本人がユダヤ人と兄弟の遺伝子を持つのであるのならば、現代のユダヤ人を説得できる得るのは、私たち日本人しかいないのかもしれません。

今の日本人とユダヤ人は、非常に対照的な文化と歴史を持っています。この点に関して、英語と日本文化に詳しい松本道弘氏（国際ディベート学会会長）はヨセフ・アイデルバーグ氏との共著『鰻と蛇―大和民族はユダヤ人だったか』の中でユダヤ人と日本人を次のように対比しています。

・ユダヤ人は、執念深く、警戒心が強く、強烈な個性の持ち主で、攻撃的で、議論好きなデジタル思考、サラサラしたつきあいをすることから「蛇」をイメージさせる。

・それに対して、日本人は、捕らえにくく、神秘的で、攻撃性がなく、感情的な議論になりやすいアナログ思考、本音と建前を使い分けるヌメヌメしたつきあいをすることから「鰻」をイメージさせる。

・太陽に向かってトグロをまく蛇は、陰性（父性系）で、海底に向かって、回遊を終える鰻は陽性（母性系）である。

・陰と陽は、お互いに磁石のように引きつける。ユダヤ人と日本人というお互いに武器をもたずに世界に影響を与えてきた両国が、全く正反対であるかのように映る反面、それが故にお互いに引きつけ合うことが多く、両者のパワーを集結すれば、アメリカとソ連という二極構造がもたらす緊張を緩和させる緩衝地帯としての第3勢力を台頭せしめることができるのではないか。

・ユダヤと日本が、手を組むということは、両民族が共通点のみを強調し、共時性を正当化するがあまり、お互いの行動原則や、伝統を安易に捨てさることではなく、むしろ違いを堂々と述べあい、徹底的に議論を重ね、それにより相違点を明確にし、あるいは渦状に融合せしめることによって最終的に葛藤を超越し、曼荼羅化することではないか。

要するに、ユダヤ人と日本人は、陰性と陽性の対極的性質をもっているがゆえに、両者が融合できれば、世界平和のために力を発揮することができる、ということです。

海外の人たちが敬意をあらわす日本人の精神性

まさに、ユダヤと日本は陰と陽、デジタルとアナログの関係ですが、日本文化や日本人の役割に期待するユダヤ人も少なくありません。

海外のある著名なユダヤ人から寄せられたこんなメッセージがあります。

「近代日本の発展ほど、世界を驚かせたものはない。一系の天皇を戴いていることが今日の日本をあらしめたのである。私はこのような尊い国が世界に一箇所くらいなくてはならないと考えていた。

世界の未来は進むだけ進み、その間幾たびか争いは繰り返されて、最後の戦いに疲れるときが来る。そのとき人類は真の平和を求めて、世界的な盟主をあげねばならない。この世界の盟主なるものは、武力や金力ではなく、あらゆる国の歴史を抜き超えた、もっとも古く、また尊い家柄でなくてはならぬ。世界の文化はアジアに始まってアジアに還る。それはアジアの高峰、日本に立ちもどらねばならない。

我々は神に感謝する。我々に日本という尊い国をつくってくれたことを……」

これは、1922年11月に来日した、アインシュタイン博士が日本人に向けて送ったメッセージだとされています（異論もありますが）。

また、1952年4月、時のローマ法王・ピオ12世がNHKを通じて日本全国に放送したのが次のメッセージです。

「慈愛深き我らの主は、来るべき世紀を予言して、東の国の多くの人々が天国の饗宴に座するため、『来たり参じるだろう』といわれました。この喜ぶべき予言が愛する日本に実現いたしますように。～中略～

あぁ、全ての国々の王、全ての国々の望み、東よりの光、輝かしき永遠の光にして正義の太陽なる神よ！～中略～

御身の愛する日本、そして御身の名において、私がこよなく愛する日本の上にお恵みをもたらし給わんことを」

今の日本の政治は混迷して、とても世界の盟主に値する国ではないように思われるかもしれません。しかし、それは今の日本人の意識がまだ目覚めていないからです。私たちの中にある深い精神性を見直し、そこに立ち還ることが、今、求められているのです。

その核になっているのが「中臣神道《なかとみしんとう》」以前の古神道や修験道に見られる自然信仰です。日本の古神道は、すべてのものに神が宿っているという惟神《かんながら》の道であり、天皇は古からの祭司としての務めを成し、人びとは人智を超えた神の働きに従ってあるがままに今を生きる姿勢を永く重んじてきました。

そうした調和的な考え方や生き方が、外来の宗教さえ習合してしまうような日本人のおおらかさにつながっているのです。他を排斥する宗教は必ず対立を生み、はては戦争の原因となります。そして世界で革命が起こると必ず血が流れています。しかし、日本では江戸幕府の大政奉還が無血で行われた事実。これも世界では見られない日本人の柔軟さです。

また、明治までの日本人の生活習慣は、穀物菜食を中心とした食生活で、さまざまな生活用品をリサイクルしながら使うというとても質素でエコロジカルなものでした。鎮守の森一つをとってみても、そこには自然と共に生きる知恵があったのです。

そして、謙譲の美徳や集団の秩序を重んじ、少なくとも半世紀前までは「有難い」「もったいない」という言葉が日常的に使われていました。宗教宗派にこだわらない柔軟な心を持ち、自然と共に生き、「もったいない」という感謝の心を持つ日本。それゆえに、聖師がいう大和魂を日本人が取り戻すことができれば、これからの世界をリードすることは決して荒唐無稽な話ではありません。

現に今回の東日本大震災によって、被災者の方々の間で「有難い」「もったいない」という言葉が聞かれるようになりました。

海外からはこんな声援も届けられていたそうです。

「世界の人々が自分たちのことについて考え直す時期が来た。殺し合いに力を使うのではなく、なんとか生き残った人々に気持ちをおくることこそ心温められる。どの人種でも宗教でも国籍でも人で有ることに変わりは無い。みんな目を覚まそう。自然を前に放り出されたなら殺し合いなんてしていられないのだから。お互いの痛みを和らげることから始めよう」（スコットランド）

「祈りと愛を日本の人々におくる。君らは強い人々だ。強くてプライドがあり、すごい時代を生き残ったんだ。絶対に戻れる」（マーロン・ウェイアンズ／映画監督）

「日本は大好きな国のひとつ。とてもすごい文化とすてきな人々がいる。彼らに祈りを捧げたい。みんなで助けなくちゃいけない」（ジャスティン・ビーバー／シンガー）

この自然から与えられた大試練は、物質的な豊かさや経済発展だけに目を向け、精神の開発をなおざりにしてきた、これまでのアンバランスさを回復するための機会ではないでしょうか。

宇宙の摂理である神を自らの中に見出して、すべての日本人が、本当に大切なものは何か、そしてひとのために、世界のために、今、自分に何ができるかを考えるための……。

日本は世界の雛型

今こそ、日本人の精神革命、意識革命が求められています。王仁三郎は、日本は世界の雛型だといいました。これは、地形にも現れていて、日本の地形と世界の地形が相似形であることから、同じパターンの現象が起きることを意味しています。

日本列島が五つの島からなるように、世界は五大州からなっていて、その形状もそっくりです（イラスト参照）。九州はアフリカに、四国は豪州に、北海道は北米に、台湾は南米に、本州はユーラシア大陸にそれ

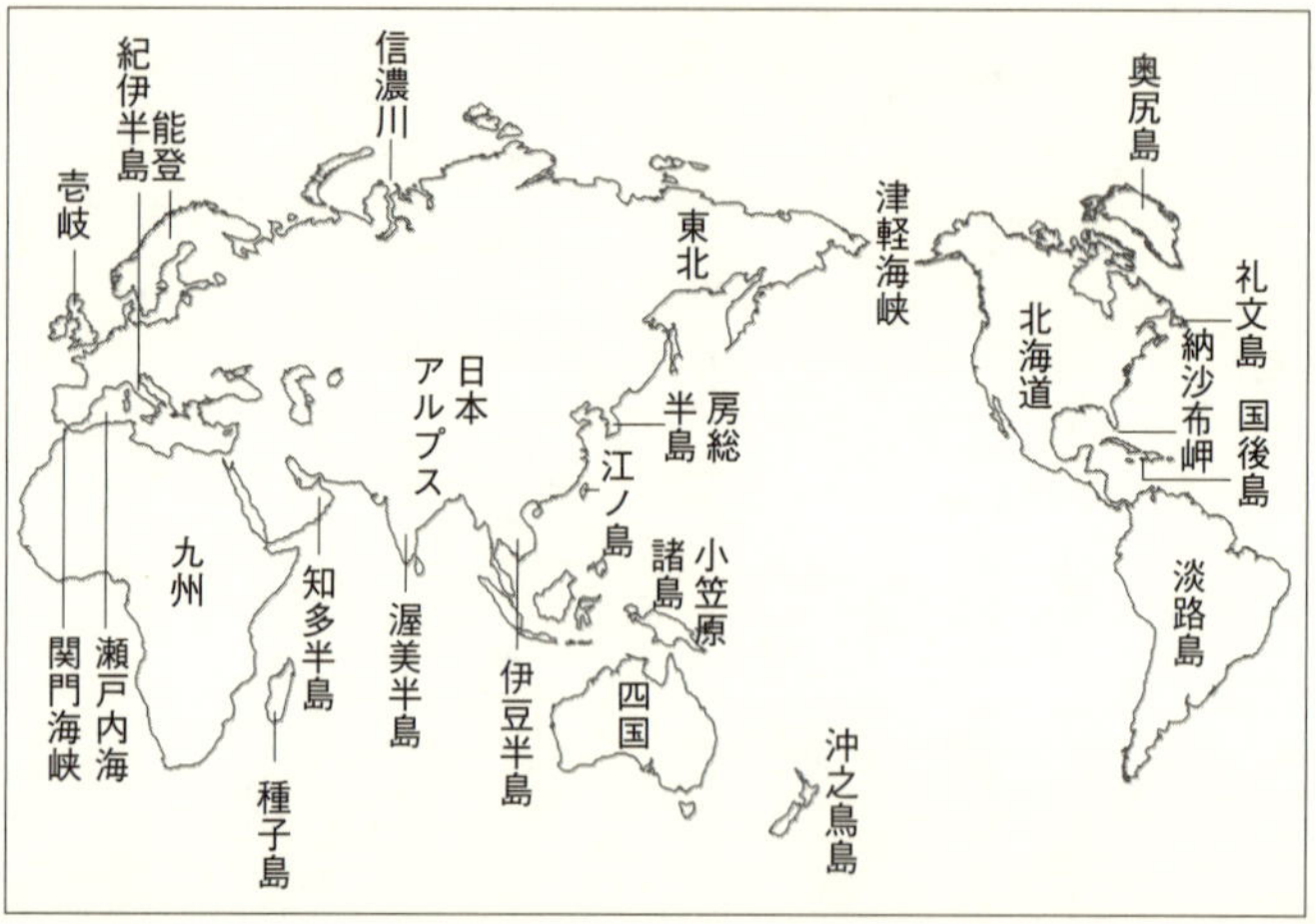

世界五大州と日本の相似性を現す地図。日本の地形そのものが世界五大州の雛型であるという説は、『竹内文書』にも書かれている。

ぞれ相当しています。

さらに細かく見れば、紀伊半島はアラビアに、琵琶湖はカスピ海に、大阪湾は黒海に、伊勢の海はアラビア海に、駿河湾はベンガル湾に、津軽海峡はベーリング海峡に、土佐湾はオーストラリア大湾に、能登半島はスカンジナビアの半島に、瀬戸内海は地中海に、関門海峡はジブラルタルの海峡に相当します。

王仁三郎は、霊的な視点で見たら、大本で起こることは日本で起き、日本で起こることは世界で起こるといい、これを3段の仕組みといいました。明治25年から昭和18年までの50年間にわたる大本の活動は、大本、日本、世界の立替え・立直しの3段の型を実施したとされています。

霊的な経綸のプログラムから見ると、現在は日本の立替え・立直しの時期に当たります。日本が新たな立替え・立直しを行うことで、世界の立替え・立直しにつながるのです。

私たちは、「一人では何もできない」と思ったり、困難な状況に見舞われると不安や怖れなどのマイナスの感情に浸りがちです。

しかし、日本列島を強い生命力を持った大きな龍だと考えてみればどうでしょうか？

私たち一人ひとりが、龍体の1枚の鱗であり、細胞です。そう考えれば、「自分もこの素晴らしい日本国の一員なのだ!」という自覚と希望が湧いてきます。

国籍が問題なのではありません。日本という国と深い関わりを持つ人たち、たとえば、日本に在住しているアジア、ヨーロッパ、アメリカ、南米等々の人たちは日本の大地のエネルギーを受け、日本の精神文化に何らかの縁があるのです。その意味で、日本古来の精神文化、すなわち神の分霊としての意識を持つことが日本という龍体の活性化につながります。

一人ひとりが神意識を持つことによって、世を照らす灯、光となって家庭や地域社会に広がり、やがて「100匹目の猿」現象となって世界に伝播していくのです。

「100匹目の猿」とは、ある島に住む1匹の猿がさつま芋を洗って食べ始め、その猿の群れが一定数まで増えた時、島の外の離れた猿も同じように芋を洗って食べるようになったという話です。

これはライアル・ワトソンの著書『生命潮流』やケン・キース・ジュニアの著書『百番目のサル』で紹介された話ですが、ある集団内で獲得された文化が、一定数を超えた時に時空を超えて、他の集団に伝わることを示しています。もしもそうだとしたら、日本人の10～30％の意識レベルが変われば、世界中の人の意識変容を促すことになります。

魂を揺さぶる王仁三郎の言葉

「偉大なる太陽の国シオンよ、目を醒ませ！」

もしかしたら、この言葉は、未だに世界に祝福されるような自分たちの国を持てないユダヤ人たちの悲痛な叫びなのかもしれません。

一神教という砂漠に生まれた宗教は、他の宗教と激しく対立し、独自の文化がいかに優れているかについて争い合い、血で血を洗うような歴史をくり返してきました。それが競争原理を是とする西洋諸国の姿です。

一方、私たち日本人は、海という外壁に守られながら、他民族に文化や国土を破壊されることなく、長い間、平和な暮らしを送ってきました。自然に恵まれ、森と共に生きてきたことによって水にも恵まれ、木や石に神が宿るとする自然信仰が失われることなく続き、東洋の中でも独自の文化や歴史を刻んできた日本人。本来、私たちの中では、競争よりも協調することが重んじられてきました。

そんな私たち日本人が、西洋思想や文化をただやみくもに取り入れてしまった結果、いつしか自分たちの身の丈に合わない息苦しい生き方に変質してしまった……。

それが生活習慣病の蔓延や人心の荒廃、自殺など、現在のさまざまな問題を引き起こしている根本原因の一つです。現在の物流やお金の流れを急には変えられないにしても、私たちの意識、価値観が霊主体従の方向に少しでも転換していけば、物質偏重や拝金主義の弊害も軽減されていくでしょう。

私たちが、元の自然体の生き方に戻るにはどうすればいいのでしょうか?

王仁三郎はこう述べています。

「西洋諸国では古来幾回かの人種の大移動を繰り返して来た。前の人種を後の人種が全滅する、優等人種が出てこれに代わり、転滅戦につぐに全滅戦をもって今日に至ったので、残虐の継続が今日を築き上げたものとみられる。そして西洋思想は実にここから生まれている。

地上の草木を知ろうとするなら、まずもってその土地を充分に調べてみなくてはならぬ。しかるに日本人にして、日本を知らないものがある。日本に生まれ、日本に育ちながら、日本の歴史、日本人の習慣性等については全くこれを知ろうとさえ努めるもののなき現代である。日本人の言葉といえば浅薄なもの、西洋人のいう事なれば、必ずそれが真理であるように、早呑み込みするようになってしまっては始末に困る次第である。

特に今日の青い連中の読物はすべて西洋のもの、語る所もまた西洋のもので、日本は昨日まで未開野蛮国であったのだ、西洋のおかげで文明国になったのだと思っている。しかもこれらの連中は自他ともに知識階級と称して怪しまない。こんな事では日本の神国も前途はなはだ寒心の至りである。

まずこの迷信を打破することに努め、日本人には日本固有の真の文明を知悉《ちしつ》せしむる事が刻下の急務である」（『月鏡』）

「日本魂《やまとだましい》とは、天地の先祖の神の精神と合一した心である。至仁至愛《ぜん》の大精神にして、何事にも心を配り行き届き、凶事に逢うとも大山のごとくビクともせず、物質欲を断ちて、精神はもっとも安静な心である。
天を相手とし、凡人と争わず、天地万有、山野河海をわれの所有となし、春夏秋冬も、昼も夜も暗《やみ》も、雨も風も雷も霜も雪も、みなわが言霊《ことたま》の自由になし得る魂《みたま》である。いかなる災禍《わざわい》に逢うも、艱苦をなめるも意に介せず、幸運に向かうも油断せず、生死一如にして昼夜の往来する如く、世事一切を惟神《かんながら》の大道《だいどう》に任せ、好みもなく憎みもなさず、義を重んじて、常に安静なる魂が日本魂である。
常に心中長閑にして、川水の流るる如く、末に至るほど深くなりつつ自然に四海に達し、我意を起こさず、才智を頼らず、天の時に応じて、神意にしたがって天下公共のために活動し、万難に撓《たゆ》まず屈せず、無事にして善を行うを日本魂という」(『出口王仁三郎全集第1巻』)
この王仁三郎の言葉によって、魂が揺さぶられるように感じるのは、決して私だけではないと思います。

パートⅥ
これから起きる「大峠」とは?

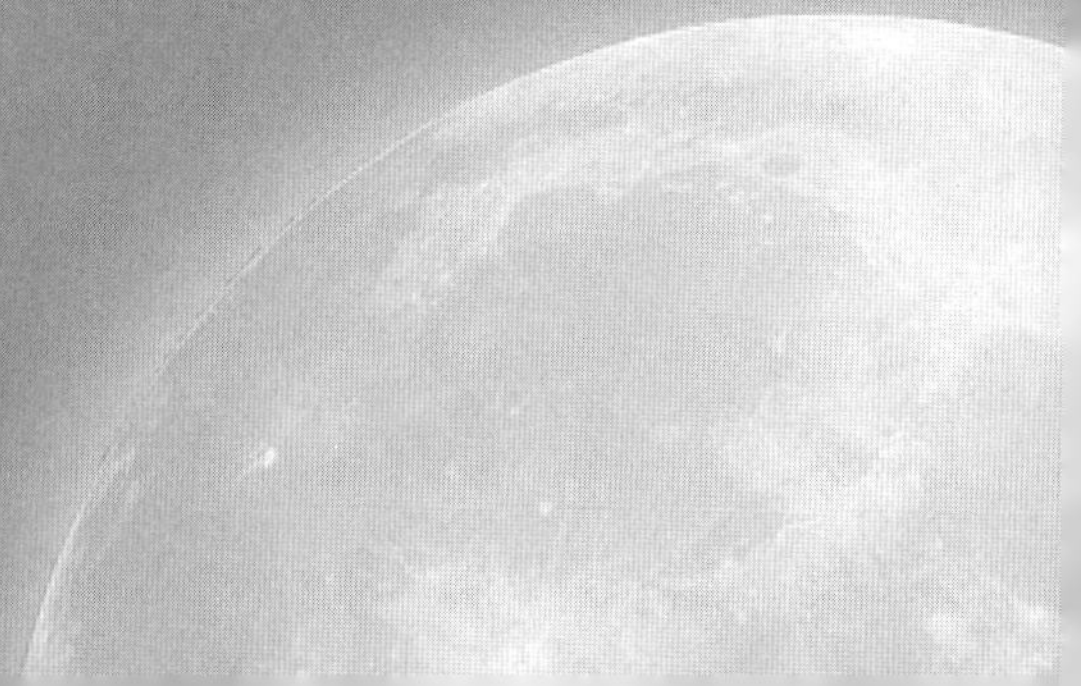

王仁三郎が伝えたかったこととは？

ここで、王仁三郎の遺言を確認するために、元大本関係者のMさんにご登場いただきます。Mさんは、長年にわたって大本のN市の支部長を務められていた方です。以下、Mさんと私（S）の会話です。

＊

S（著者）　Mさんにとって王仁三郎聖師が日本人に最も伝えたかったことは何だと思われますか？

Mさん　いろんな方々がさまざまな解釈をされていますが、端的にいうと、根本神である大国常立神《おおくにとこたちのかみ》とつながりなさいということだと思います。大国常立神というのは、今の日本人が信仰している人格神としての天照大神《あまてらすおおみかみ》とは違う、天地を創造したスの神、いのちの源そのもののことです。

このいのちの源とつながることの大切さを聖師は説かれた。それは本来われわれの中に備わっている優しさや調和の心、素直さで、それはいくら本を読んでも実践しないと意味がないことです。損得勘定抜きで、自分も相手も活かしあう平和な心そのものです。

難しいことは何もない。だから、予言書を読んであれこれと頭で考えるよりも、素直にそれを実践することが一番大事だと思います。

それともう1点は、『霊界物語』に貫かれている「大和魂」（日本魂）だと思います。聖師がいわれた大和魂は、一般的に理解されている大和魂とはまったく異なります。聖師はこう述べています。

「水の恩を知り、衣食住の大恩を覚り、贅沢なぞは夢にも思はず、どんな苦難に逢ふも驚かず、悲しまず、いかなる反対や、熱罵嘲笑も、ただ勿体ない、有難い有難いで、平気で、社会に奉然自若、感謝のみの生活を楽しむ」（『霊界物語』第1巻第4章）。

これが聖師がいわれた大和魂です。

また、ある信徒が「武士道とは違うのですか?」と尋ねたら、聖師はこうお答えになったそうです。

「阿保（原文のママ）やなあ、日本魂は外国人とも唐人とも一緒に手をつないで仲良くすることと、王仁はそう習うたけどなあ」(『新月の光』)。

これは聖師が描いていた世界連邦にもつながる話で、当時の軍国主義とはまったく違うどころか、逆に世界平和をもたらす精神で、実際に聖師は世界平和を目指して活動していた先駆者でした。

イスラエルの民と日本人は、それぞれに役割があって、片やユダヤ人は一神教の歴史を持ち、片や我々日本人は古神道の歴史があります。

ユダヤ人と日本人が手をあわせて本当の世界統一政府をつくる時には、真の大和魂が必要だということだと思います。

S　大本の内部で長く支部長をされていたMさんが、大本を離れられたのはなぜですか?

Mさん　残念ながら、今の大本は宗教団体としての弊害ばかりが目立つようになってきたからです。その最たる問題が金銭問題です。私が支部長時代、支部の寄付金を納めて本部からその領収書をもらった後で、本部から「寄付金が納められていない」といわれたことがありました。

「領収書をいただいているので何かの間違いでは？」といったのですが、とにかく来なさいと。

本部に行って領収書を見せたのですが、私の周囲を若い幹部が取り囲んで、それでも納められていないと追及し続けられました。

私はわけがわからず黙っていたのですが、その幹部たちの目を見たら、皆、操り人形のようにトロンとしていて、ゾッとしました。帰って他の支部に確認したら、他でも同じようなことがあったことから、私はもうついていけなくなったんです。

内部の信徒さんによると、私が脱会した後、新しい神殿をつくるという名目で数億単位の寄付金が集められたそうです。熱心な信徒さんたちは、これでみろくの世が築けると信じて自腹をはたき、なかには借金までして寄付をした人もいて、本部が思っていた以上に莫大なお金が集まったそうです。

本部はそれに味をしめたようで、それから10年ほど経ってまた新たに数億の寄付金を募ったと聞き、私はやめてよかったと思いました。

聖師は大きな神殿を建てろなどとはまったくいっていません。団体としての大本とは一切縁を切った私は、それ以来、聖師の教えを胸に古神道研究を続けています。

S　聖師が描いていたみろくの世とはどんな社会だと思われますか？

Mさん　聖師が目指していた「世界連邦」は、今でいう次元上昇した世界だと思います。ですから、その運動に参加した人たちは皆、5次元以上に上昇する。つまり、これからの世界環境は、地球全体が次元上昇をせざるを得ないのではないでしょうか。

そのために日本とイスラエルが各々の役割を果たす。そして、一人ひとりがそれぞれに花を爛漫と咲かせ、大調和して明るく光り輝く神世になる、それがみろくの世だと思います。日本は、生命、精神、霊魂上昇と救済の役割があり、本来はそのために天皇家がつくられた。一方、イスラエルは物質文明の発達のためにエデンの園で罪を背負い、追放された。

これが神の経綸で、それぞれの役割を果たしながら、やがて両者が和合して本当の神世、みろくの世に至るのだ、と。

＊

私（著者）が知る限り、Mさんのようにすでに大本の役目は終焉を迎えていると告げる人は少なくありません。

地球人類の大掃除が始まる

さて、大本系の予言では、みろくの世が訪れる前に人類にとっての「大峠」があると予言されています。

出口なおのお筆先では、こう表現されています。

「三千世界の大洗濯、大掃除を致して、天下泰平に世を治めて万古末代続く神国の世に致すぞよ。神の申したことは、一分一厘違わんぞよ。毛筋の横幅ほども間違いはないぞよ。これが違うたら、神はこの世に居らんぞよ。」

王仁三郎の『続・瑞能神歌《みずのしんか》』では、「世の立て替えの大峠」と表現されています。

「この世をこのままにしておいたなれば、日本は外国に取られてしもうて、世界は泥海になるから、末法の世を縮めて松の世にいたして、日本神国の行状《おこない》を世界の手本に出して、外国人を従わせて、万古末代動かぬ神の世で、三千世界の陸地《おっち》の上を守護いたして、神、仏事、人民を安心させてやるぞよ。

そこへなるまでに、世界にはもひとつ世の立て替えの大峠があるから、一日も早く改心いたして、神にすがりて誠の行ないに替えておらんと、今までのような、我さえ善ければ人は転けようが倒れようが見向きもいたさん精神《こころ》でありたら、神の戒め厳しきから、到底この大峠を越すことはできんぞよ」

「固き巌に手をかけて　振うて落とす地獄道
ノアとナオとの火水霊　現れ出でてゆさぶれば
一天にわかに掻き曇り　矢を射る如く流星の
地球に向いて落ち来たる　大地一度に震動し
吼えば地軸の回転も　止るばかりの大音響
物質浄土は忽ちに　地獄餓鬼修羅場と化す
山は崩れて原野裂け　人はあわれに呑み込まる
身の毛もよだつ凄まじさ　今明かに書き置くぞ」（『続・瑞能神歌』）

『日月神示』では、「天地まぜまぜ」となって「半霊半物質の世界に移行する」とあります。

「外国から攻めて来て、日本の国丸つぶれというところで、元の神の神力出して世を立てるから、臣民の心も同じぞ、江戸も昔のようになるぞ。

元の世に返すというのは、たとえでないぞ。穴の中に住まなならんこと出来るぞ。生の物食うて暮らさなならんし、臣民取り違いばかりしているぞ、何もかも一旦は天地へお引き上げぞ。

立て壊し、立て直し、一度に成るぞ。立て直しの世直し早うなるかも知れんぞ。遅れるでないぞ。立て直し急ぐぞ。立て直しとは、元の世に、神の世に返すことざぞ。元の世と申しても泥の海ではないのざぞ。中々に大層なことであるのざぞ。

地震、雷、火の雨降らして大洗濯するぞ。よほどシッカリせねば生きて行けんぞ。月は赤くなるぞ。日は黒くなるぞ。空は血の色となるぞ。流れも血ぢゃ。人民四ツん這いやら、逆立ちやら、ノタウチに、一時はなるのであるぞ。大地震、火の雨降らしての大洗濯であるから、一人逃れようとて、神でも逃れることは出来んぞ。天地まぜまぜとなるのぞ。ひっくり返るのぞ。

三分の一の人民になると、早うから知らせてありたこととの実地が始まっているのであるぞ。何もかも三分の一ぢゃ。大掃除して残った三分の一で、新しき御代の礎と致す仕組ぢゃ。三分むづかしいことになっているのを、天の神にお願い申して、一人でも多く助けたさの日夜の苦心であるぞ。堪忍の堪忍、我慢の我慢であるぞ。

今の肉体、今の想念、今の宗教、今の科学のままでは岩戸はひらけんぞ。今の肉体のままでは、人民生きては行けんぞ。一度は仮死の状態にして、魂も肉体も、半分のところは入れ替えて、ミロクの世の人民として甦らす仕組、心得なされよ。神様でさえ、このこと判らん方あるぞ。大地も転位、天も転位するぞ。

半霊半物質の世界に移行するのであるから、半霊半物質の肉体とならねばならん。今のやり方ではどうにもならなくなるぞ。今の世は灰にするより他に方法のない所が沢山あるぞ。灰になる肉体であってはならん。原爆も水爆もビクともしない肉体となれるのであるぞ。今の物質でつくった何物にも影響されない新しき生命が生まれつつあるのぞ。岩戸開きとはこのことであるぞ。少し位は人民つらいであろうなれど、勇んでやりて下されよ。

大掃除はげしくなると、世界の人民皆、仮死の状態となるのぢゃ。掃除終わってから因縁のミタマのみを神がつまみあげて、息吹きかえしてミロクの世の人民と致すのぢゃ」

火の雨というのは、かつて日本に投下された原爆のことではありません。王仁三郎は、昭和20年8月、広島に原爆が投下された直後、泉田瑞顕氏に対して「日の雨が降るというのは、この程度（広島原爆）のことではない。今は序の口で、本舞台はこれからじゃ」と語っています。

つまり、「大峠」はこれからやってくる。それが『日月神示』のいう「新しき御代の礎と致す仕組」だということです。

惑星Xの接近で地球が大ダメージを受ける!?

「大峠」に具体的に何が起きるかについては、さまざまな解釈がなされています。

私は前述した王仁三郎の『続・瑞能神歌』に出てくる「**矢を射る如く流星の地球に向いて落ち来たる**」という言葉にヒントが隠されていると思います。すなわち、「**火水霊　現れ出でてゆさぶれば**」とあるように、宇宙的な大異変が原因となって地球が大ダメージを受け、「大地一度に震動し、吼えば地軸の回転も止るばかりの大音響、物質浄土は忽ちに地獄餓鬼修羅場と化す」のではないかと思われるのです。

実は、これを裏付けるような説があります。それは、マーシャル・マスターズ、ジャニス・マニング、ヤッコ・ファン・デル・ウォルプという3氏が書いた『2012年に地球最接近！　惑星Xが戻ってくる』という本に書かれている、惑星X（ニビル）接近説です。

3氏の著者は、メンサ（MENSA：全人口のうち、上位2％の高IQの組織）と呼ばれるメンバーで、この書によると、惑星Xが2012年に地球に最接近することで大変動が起きる可能性があるというのです。

要点は次のとおりです。

・惑星Xとは我々太陽系に存在する大きいながらも未知の物体を指す一般用語である。

・ゼカリア・シッチン氏（後述）の研究によると、この惑星は古代シュメールでは「ニビル」の名で知られており、この惑星X（ニビル）は地球の何倍もの大きさで、およそ3600年という長い周期の軌道で動いている。

・惑星X（ニビル）が太陽系に再接近するのは、2012年と予測されるが、2012

年という期日は、古代マヤ人が予測した大変革が起こる周期と一致している。
・地球温暖化の根本原因は、惑星Ｘ（ニビル）と我々の太陽の距離が近づいていることだが、都合の悪いこと（情報）は切り捨てられている。
・古代ケルトの非宗教的な作品集『コルブリン・バイブル』（青銅書のエジプト語版）にはニビルのことが次のように記述されている。「……地球に災厄が降りかかると人々に分かるように、神は天にしるしを作られた。……そのしるしは、奇妙な星だった」（創世記4章5節）。「四たび星々は新たなる場所へと動き、二たび破壊者は地球を襲い、三たび天が開き、そして閉じた。……二たび地は、水によって洗い流された」（写本33章5節）。
・前回の接近通過に関する記録によると、当時は接近通過の恐ろしさのあまり男は性的不能になり、女は不妊になったという。
・今世紀になって、惑星Ｘ（ニビル）の映像がとらえられたのは１９８３年で、非公式ながら、ＮＡＳＡの赤外線天文衛星（ＩＲＡＳ）とみられる。
・ＮＡＳＡは惑星Ｘについて、１９９２年に、「天王星と海王星の軌道の説明不可能な逸脱振りは、太陽から112億キロメートル離れた太陽系外縁部に大きく傾斜した軌道上を進む、地球の質量の4~8倍の巨大な天体の存在を示している」と発表した。

・惑星X（ニビル）はもともと太陽の伴星であり、褐色矮星《わいせい》である。従って現時点では赤外線望遠鏡でしか見ることはできない。

・惑星X（ニビル）の公転軌道は、他の惑星のように横道上（太陽の赤道面）にあるわけではなく、大きく傾いていて、地球の南半球から北半球へ突き抜けるような軌道を描いている。従って、横道上を北に突き抜けるまでは南半球からしか見えない。

・NASAは2007年から、南極に設置した赤外線望遠鏡で秘密裏に惑星X（ニビル）を監視している。

・2011年5月、惑星X（ニビル）と太陽との距離は6・4AUとなり、地球のほぼ真南に達し、南半球からは肉眼で見えるようになる。

・惑星X（ニビル）の到来によって、2011年中頃までに地球の気候は有史以来未曾有の変動に見舞われることになる。地球の磁場に大きな影響を与え、膨大な物体の嵐が襲ってくるが、その多くは壊滅的衝撃と隕石のシャワーをもたらし、2012年以降、最悪の場合、大洪水が生じる可能性がある。
・惑星X（ニビル）は2012年12月21日に黄道面に交差し、太陽との距離は3・0AUとなって電気的活動の最盛期に入り、2013年2月14日の近日点に向かう。地震は次々と新記録を打ち立て、火山活動は確実に増え続ける。
・この予測における人類破滅の日は、2013年2月14日で、地球人口の約1割しか生存できないだろう。
・この試練が過ぎ去ってからやがて世界に平和が戻るが、その数十年の間に紫色のオーラを持つインディゴチャイルドが爆発的に増える。
・インディゴは天才的なIQを持っており、自我意識と物理的直感力も強烈で、生まれながらに洞察力に恵まれ、他の人の心に宿る善意や共感、邪悪な意図や危機感を素早く見抜く力がある。
・カール・セーガン博士は、世界が知る中で最も優れたインディゴの長老で、これからやってくるものの本質を次のように述べている。「人種差別主義や性差別、宗教差別、それに過激な国粋主義にかつて訴えかけてきたものは、もはや通じなくなる。地球を一つの有機体と見なし、自分自身と戦う有機体は滅びるという、新しい息が芽生えつつある。我々は一つの惑星なのだ」と。

世界各地の古代文献にも記録されているニビルの存在

この惑星X（ニビル）は、艮《うしとら》の金神《こんじん》の封印が解けたことを意味していると思われます。

なぜなら、「このままでいくと世界の大峠がきて、人民が三分になるぞよ」と警告した艮の金神とは、日本に古くから伝わる陰陽道の〝祟り神〟のことでもあり、最も恐れられている〝鬼門〟に封印されていて、王仁三郎によるとこの封印が解かれる時に「大峠」がやってくるとされているからです。

また、ゼカリア・シッチン氏によると、地球人類はニビルを拠点としたアヌンナキと呼ばれる地球外生命体によって遺伝学的につくりだされたとし、マヤ・アステカ文明などの神話でも、創造神は星とともに一定の周期で地球を訪れ、現在は創造神が再来する時期であると考えられていることから、惑星X（ニビル）との関連性が想起されるのです。

ゼカリア・シッチン氏は、イスラエルの宇宙考古学者で、シュメール文明の研究者です。シッチン氏は、太陽系の9つの惑星のほかに、火星と木星の間を通る超楕円形の周回軌道をもつ10番目の惑星がシュメールの太陽系図に書かれていることを発見し、前回の接近が紀元前1640年頃の天災を引き起こし、聖書の出エジプト記におけるヘブライ人のエジプト脱出の原因となっていたなどと述べています。

また、3600年ごとに太陽系や地球に大災害をもたらすというこの惑星の存在については、シュメールだけでなく世界各地の古代文明の文献にも残っているといわれます。

メソポタミアでは「マルドゥック」、エジプトでは「アベット」または「セス」。ギリシャでは「ネメシス」、インドでは「神聖なるシバ神」または「破壊の神」、中国では「偉大なる闇」「赤龍」、ヘブライでは「ヤハウェの星」、マヤでは「ケツァルコアトル」などです。

つまり、シュメール、マヤ、インカなどあらゆる古代文明に共通して記録されているのが惑星X（ニビル）で、そこには、この「宇宙の侵入者」によって引き起こされた大災害についての記録が残されているのです。

出口なおに降りた艮の金神の存在と、惑星X（ニビル）との不思議な符合は何を意味するのでしょうか？

いずれにしても、惑星X（ニビル）接近による太陽系への影響とそれによる地球人類の大ダメージは、奇しくも大本系の予言の内容と符合します。

しかも、惑星X（ニビル）が太陽系に近づくにつれて現れるとされる、次の兆候のいくつかはすでに地球上に起きてきているのです。

・奇妙なプラズマ行動を伴うプラズマ現象
・極端な気温の変化
・太陽フレアと太陽の異常行動
・太陽系内の天体に対する、および天体相互間の電磁波の影響
・太陽系内天体における大気や輝度の変化
・彗星の軌道の集束
・地球上の地震の増加

もし惑星X（ニビル）の接近が避けられない宇宙の仕組み、すなわち神の経綸であるなら、私たちはそれを運命として受け入れるしかありません。

地球上の闇の勢力が人工地震などを起こして天変地異を誘発しているとの噂もありますが、もしそれが事実であっても、さらにそれを上回る神の仕組みがあって、闇の勢力も所詮はその中に組み込まれているのです。

大峠を越えて生き残るために、一般人がシェルターなどを造るにしても限界があります。とはいえ、ただ手をこまねいてその時を待つのも虚し過ぎます。

本書では、理性的思考をするだけの時間的余裕がない時には、より直感的なアプローチが生死を分けるとして「自分の直感を信じること」の利点についてあげています。

その理由は次のとおりです。

・直感的アプローチは、我々の持つ処理能力をフルに活用できる。

・直感的アプローチは、我々の中にある強力なサバイバルコンピュータにスイッチを入れる。

・直感的アプローチは、急速に展開する危機のさなかに正しい選択肢を取れる可能性を増す。

要するに、自分の直感を信じていれば、動物的生存本能に従ってサバイバルができるということです。

惑星X（ニビル）の接近は、地球上のあらゆる宗教を信じる人びとに等しく起こる以上、神にすがったり霊能者などに頼ってもムダなあがきです。まして、いかなる組織、団体であれ、映画のようにそれを食い止められるレベルではないと思います。

本書では、「まずは自分の身を守り、救える人だけを救うしかない」と述べられていますが、現実問題として、自分自身で生き残る努力をするしかないでしょう。

例えば、極力お金や物への依存度を減らし、できる限り自然に近い生活の中で身体やオーラを強化する食べ物を食べ、電磁波から身を守り、免疫力を最大限にあげておく。そのような生活を王仁三郎は「天産自給」と呼んでいました。

天産とは天から賦与された産物で、衣・食・住は、本来、その土地（地元）で取れるものを使って自給生活をすることが理想で、各自がその努力をしていけば現在のようなお金中心の資本主義経済はいらなくなるということです。すでに、都会から地方に移り住んで半農生活や自給自足に近い生活をしている人たちが増えているのは、もしかしたら生存本能の成せる業なのかもしれません。

また、『惑星Xが戻ってくる』には、その時に備えてシェルターを準備しておくことや、避難の仕方、サバイバル用のバッグなどの具体的な情報についても紹介されているので、ぜひ参考にしていただきたいと思います。

そのような物理的な対策はもちろんのこと、さらに大事なのは、新たなみろくの世を築くために各自が宇宙の神と一体化し、魂の岩戸を開く努力を怠らないことです。そのためには、本書で述べられているインディゴの特徴がヒントになるかもしれません。

IQはともかくとして、直感力や洞察力を高め、他の人の心に宿る善意や共感、邪悪な意図や危機感を素早く見抜く力を養っておく。それが宇宙の神とつながるコードになります。

原因不明の皮膚病に見舞われて

ここで、私が宇宙の根本神・大国常立大神《おおくにとこたちのおおかみ》（スの神）の懐の中に入った体験について述べておきます。これから先、一人でも多くの人が内なる神と一体化して魂の岩戸を開き、来るべき大峠を乗り切っていただきたいからです。

私の身に異変が起きたのは、平成22年（２０１０）の春のことでした。それまで、私は18歳の頃から不成仏霊の浄霊をしてきました。これは誰から指導されたわけでも頼まれたわけでもなく、王仁三郎の足跡を辿る前から行っていたことです。

いま思えば、生まれながら霊媒体質だったのかもしれませんが、車の免許を取ってからあちこち移動するようになった頃、ある土地に行くとなぜか身体が急に反応してしまうようになりました。

そこで、深い意識の中で不成仏霊との対話を行い、その霊を霊界にあげるのが私のご神業となって、その土地土地に呼ばれるように全国各地に出かけていきました。

その間、いろんな霊能者や不思議な出来事に遭遇しましたが、沖縄ではユタやノロなどのシャーマンたちから、「あなたが来るのを待っていた」といわれたこともありました。

私の身体に異変が起こったのは、沖縄での浄霊が終わってから1、2カ月後でした。突然、全身の皮膚がアトピーのようにただれ始め、しかも急激に悪化していったのです。

それまで健康体でまったく何も問題がなかっただけに、私は自分の身体の中でいったい何が起きているのか、皆目、見当もつきませんでした。

症状はみるみるうちに悪化して皮膚から出血し、普通の生活ができないくらいひどい状況に陥ったことから、いくつかの病院で診察を受けたのですが、診断結果はどこも原因不明で、成す術はありませんでした。やがて目も見づらくなり、眼科で急性白内障と診断され、このままだと失明するからとやむなく手術をすることになりました。

白内障がなんとかならないものか、また全身の肌が荒れて痒みがあるため、知人に紹介してもらい、大阪の豊中にある愛聖クリニックの朴忠博医師のもとを訪ねました。朴医師は、漢方体操の創始者で、漢方体操とは、漢方薬を服用せずに漢方薬や針灸といった東洋医学と同じような効果をもたらす体操呼吸法です（詳しくは星湖舎『運命が変わる漢方体操』を参照）。

朴先生は、がんやリウマチなどの膠原《こうげん》病、肝炎、肝硬変、心筋梗塞、胃潰瘍、糖尿病などの現代医学では治りにくいとされている病気に対して、西洋医学との併用による漢方薬やオーダーメード漢方体操ですばらしい治療実績をあげており、見えない世界を史上初めて生物医学理論、認識運動論で解明したドクターです。

また、西洋医学における心臓ペースメーカー移植の先駆者でもあります。

そんな朴先生の診断によると、私の皮膚病の原因は〝霊障〟とのことでした。

「これほどひどい霊障は見たことがない。まるでイエスの受難のようだ」といわれ、初めてそこで霊的なものが原因だったとわかったのです。

それまで私が一度に浄霊できたのは約5万体。ところが東京の千鳥ヶ淵で浄霊をした際、130万体のうちの80万体もの霊が私に憑依し、それが原因でアトピーのような皮膚病になっていたのです。

さらに、朴先生は「日本中の不成仏霊を身に受け、浄化している」と言われました。

私は初対面のような気がしなくて、互いに話がはずんで脳の松果体にまで発展しました。脳の松果体は、外界の光によって睡眠のリズムのみならず、夢のリズムと乱れ、雑念リズムと乱れ、そして内臓のリズムと乱れを司っています。

朴先生によると、漢方体操では外界の光から脳松果体を通じて、夢、雑念、内臓のコントロールを行うと同時に、それとは逆に、内臓の乱れを取り、雑念を取り、夢をコントロールし、脳松果体を発光させるそうです。一方、私のライフワークも松果体の活性化や脳波をアルファー波に導くことだったので、朴先生の話にはとても共鳴しました。

私は朴先生と出会ってから、クリニックに来院する著名なスポーツマン、芸能人、政治家などの活躍や地域の難病患者の劇的な改善例を確認したことによって、やはり伝説の名医はいるのだと確信しました。そして、自宅に帰り深く過去を自省しながら、自分でも松果体を強化するにはどうすればよいかを考えました。

宇宙の中心に入る

私が必死で考えあぐねた結論は、宇宙の中心に入って太陽系や地球を創造した神と直接つながることでした。なぜなら、朴先生の説明にあったように、松果体は光を感知するセンサーで、「第3の眼」とも呼ばれる左右の脳のバランスを調整するテレパシーの器官でもあることから、松果体を強化するには最も根源的な神のエネルギー（波動）を浴びるのが一番だと思ったからです。

また、松果体から分泌されるメラトニン（脳内ホルモン）は抗酸化作用が非常に高く、身体全体に作用することから、最も波動が高い光ならメラトニンを最大限に分泌するのでは？　と考えました。

それまで神頼みなどは一切したことがなかった私は、宇宙をつくった真の神ならば純度100％のエネルギーによってこの難病も消してくれるだろうと思ったのです。

私は自分で開発した「オーロラX36」（次章で詳述）をサポート役として、宇宙の中心に意識をチューニングしていきました。人間は神の分霊である以上、宇宙創造の神は必ず自分の魂の奥底に存在しています。その意味で、宇宙神との一体化は〝インナートリップ〟ともいえるでしょう。

私は何度かそれをくり返しているうちに、意識（エネルギー体）が猛烈なスピードで宇宙の中心に向けて進んでいくのがわかりました。宇宙の中心に近づくと、黄金の光の中に、緑色、赤色、薄い虹色が放射状に見え、とりわけ緑色や赤色の小さな球が私の方に向かって流れ飛んでくるようでした。その周囲は黄金色で、流れ飛んでくる光からは、嬉しさや喜び、愛を感じました。

そして、さらにその光源の元（中心点）の奥に進んで行くと、そこには無限大のような純白の世界が広がっていました。そこには光も何もなく、ただただ透明に近い純白の無限大の世界で、「無」や「空」という表現でしか現わすしかない、とても不思議な世界です

（イラストはその時のイメージです）。

これが王仁三郎のいうスの神の次元……。

私は、この宇宙神の懐（中心）を「センター・オブ・ユニバース（Center of Universe：COU）」と呼ぶことにしました。

このCOUとの一体化を経験した直後、私の身体に奇跡が起きました。全身のひどい皮膚病が嘘のように改善し、日ごとに元の状態に戻りだしたのです。その変化は、次頁の写真を比較して見ていただければ一目瞭然です。以前は、剥がれ落ちた皮膚がバケツ何杯もたまっていたのに、その体験以降、かゆみもまったくなくなるほどツル

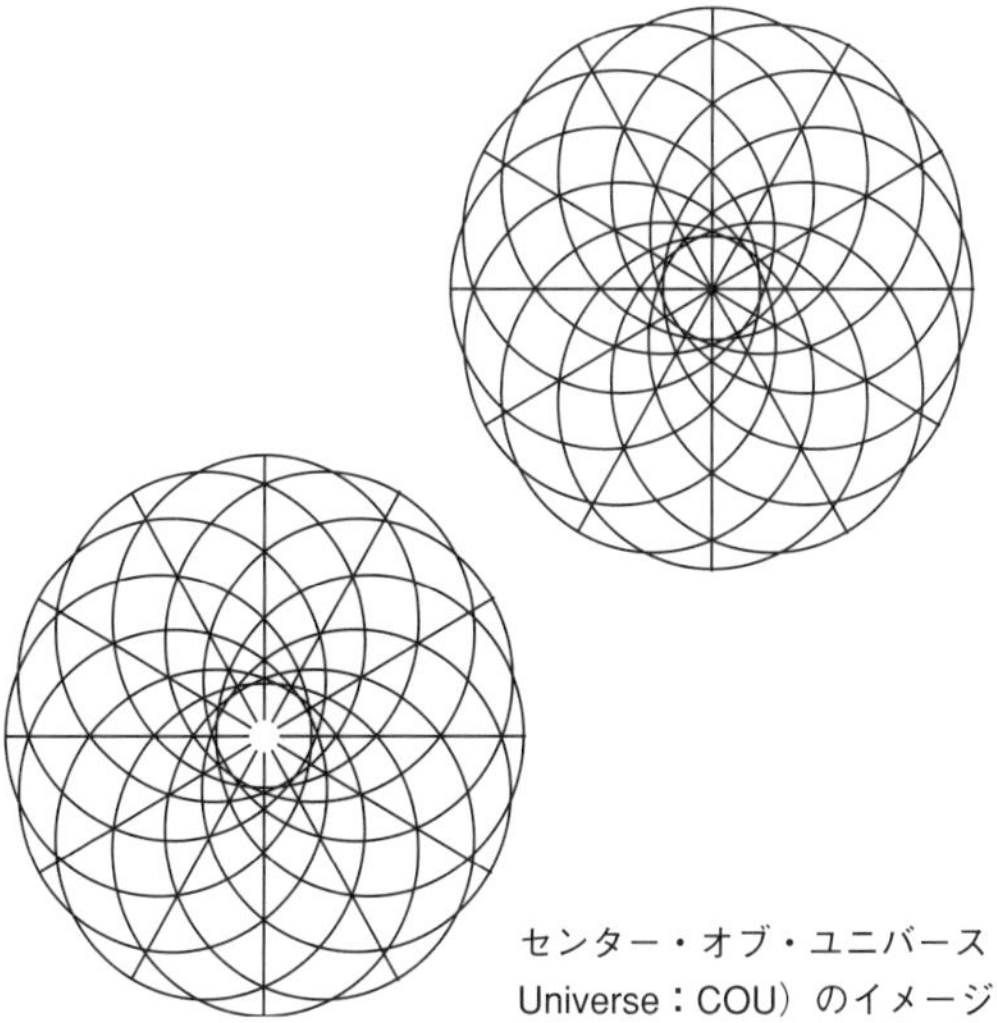

センター・オブ・ユニバース（Center of Universe：COU）のイメージ。

ツルになりました。

今考えると、朴先生から「キリストの受難と同じ」といわれた、私に憑いていた80万体の霊は、宇宙の中心（COU）の無限大の純白のエネルギーに包まれて浄化され、成仏されたのでしょう。

いわば、無念の死を遂げた日本人の御魂《みたま》たちの水先案内人の役を仰せつかったわけです。奇跡の回復を遂げた今は、愛と幸福感で一杯です。そして、私は改めて自分がこの世で成すべき役割・使命を自覚しました。まさに、それが王仁三郎の遺言を明らかにすることであり、且つ、霊石を使って一人でも多くの人が宇宙神と一体化するためのお手伝いをすることです。

さらにそれに加えて、皮膚病が回復してから朴先生に報告に行ったところ、朴先生から思いがけずこういわれました。

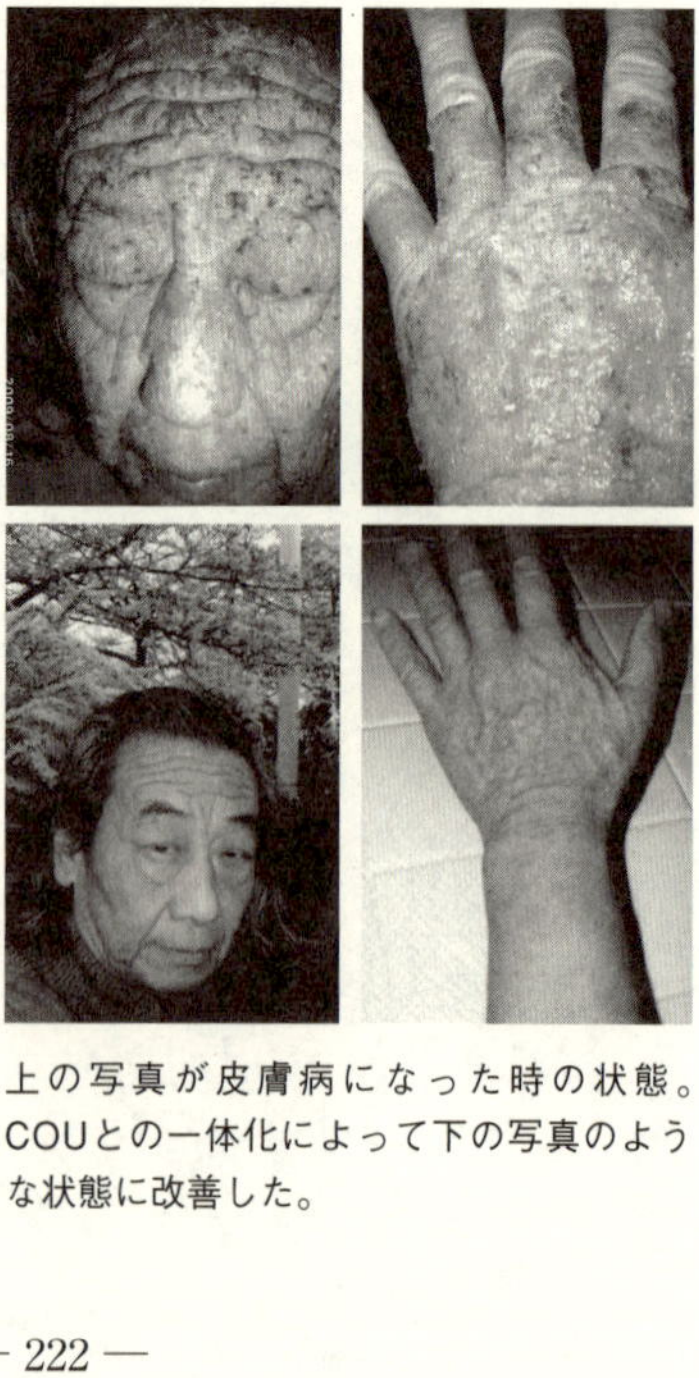

上の写真が皮膚病になった時の状態。COUとの一体化によって下の写真のような状態に改善した。

「漢方体操は、櫻井先生の体験と同じように、宗教や権威に頼らない、一人ひとりが宇宙とつながるための希望の道しるべです。ぜひこの方法を一人でも多くの人に伝えていきましょう」と。

そこで、私は朴先生とともに、松果体発光による健康と覚醒法を指導するためのセミナーを行うべく、現在、準備を進めています。

朴先生は、生物医学理論、認識運動論から漢方体操の指導と普及活動を、私は霊的な覚醒体験とテラヘルツ鉱石などの専門分野からお互いにコラボレーションしていく予定です。

なお、今後のセミナーなどの予定については、漢方体操コラボセミナーの会（http://kanpo-taiso.com/ ［企画担当：平尾篤子］）までお問い合わせください。

宇宙神と一体化すれば魂の岩戸は開く

宇宙神、内なる神と一体化する体験を通して私は一つの確信を得ました。それは、松果体を発光させて宇宙神と一体化することができれば誰でも魂の岩戸が開く、すなわち意識が覚醒し、宇宙（神）意識に至れるという確信です。

これが王仁三郎のいった「一厘の仕組み」ではないでしょうか。

すなわち、「一厘の仕組み」とは、最も困難な状況に置かれた状況の中で、一人でも多くの人が神と一体化し、覚醒した意識によって新たなみろくの世（水瓶座時代）を開いていくこと。

そして、人びとの覚醒のスイッチをオンにするための、最後で最大の試練が惑星Ｘ（ニビル）の到来である。なぜなら、困難な状況の中でこそ覚醒のスイッチがオンになり、そこで各自が神と一体化できれば、宗教不要の世界平和や愛善に基づく理想社会を築くことができるからです。

意識の覚醒とは、魂のふるさとである無条件の愛、すなわち神意識に立ち還ることです。

大いなる光への帰還といってもいいかもしれません。

宇宙神、内なる神と一体化した状態は無限大の純白です。

それ以外には何も存在しません。まったく分離のない状態です。

すべての存在が、その無限大の純白から生み出されています。

宇宙の中心から発せられる根源的なエネルギーは、3次元のあらゆる時空間にも満ちていて、人間の場合、そのエネルギーを光として感知しているのが「第3の目」と呼ばれる松果体です。第3の目は、第6チャクラとも呼ばれますが、ここから光を取り込むことで全身のオーラも活性化するのです。私を治療してくださった朴医師が、脳松果体を重視するゆえんでもあります。

チャクラとは、宇宙エネルギーを取り入れる器官で、チャクラが活性化していると生命力に満ち、オーラと呼ばれるエネルギー体も光り輝いて、ネガティブな影響も受けにくくなります。また、オーラは生体プラズマとも考えられていて、この生体プラズマを強化することで、前述した惑星Xが接近することで起きる電磁波障害などの影響もある程度、防御できると考えられています。

チャクラやオーラは意識と連動しているので、意識が覚醒するとチャクラやオーラも活性化して、宇宙の中心と共鳴・共振しやすくなります。要するに、神との一体化によってチャクラやオーラ（生体プラズマ）を強化して、光り輝くライトボディになることが王仁三郎のいう「霊主体従」の体現であり、これからの時代を乗り切るためのポイントなのです。

いくら強い信仰を持っていても、真っ黒なチャクラやオーラをしていては意味がありません。それよりも漢方体操をしたり、自分の努力で松果体を発光させて心身共に健康になることが重要で、その方がお金もかからずに堅実です。

朴先生との出会いで身も心も癒された私は、自分がこれからなさなければいけないことを深慮した結果、本書の出版を決意しました。

最も重要な王仁三郎の遺言と大本の予言、それは**「このままでは人民三分になるぞよ」**との警告です。この警告を裏返せば、まさに今、人類が改心できるかどうかが問われているということです。ここで改心できれば、大難が小難に抑えられる。だとすれば、一人ひとりが、今、何をなさねばならないのか？　静かに内省し、本当の自分はエゴ（自我）ではなく、神の分霊《わけみたま》であることに気づき、そのように生きていくことです。

王仁三郎は、さまざまな比喩や予言を通して世界の人びとにそれを伝えようとしました。そして前述のとおり、大本の予言はニビル星が近づいて天変地異がますます激しくなり、火山噴火や大洪水があちらこちらで起こる可能性を示唆しています。

そうなれば、正直、私自身も人並みに怖いです。しかし、これは人類全体の禊《みそぎ》であって、誰もが通らなければいけない大峠だと思います。怖れや不安を乗り越えて意識を覚醒させ、安心立命、霊主体従の魂へと進化していくアセンションのための大峠。その峠を越えた光り輝く魂こそが、理想社会の礎となるのです。

私が本書の副題を「あなたが開くみろくの世」としたのは、王仁三郎の遺言から一条の光を皆さんに届け、希望を持ってこの大峠を乗り越えてくださることを切に望むからです。

宇宙の中心は無限大の純白の世界

これから天変地異が頻繁に起きるようになれば、さまざまな宗教が息を吹き返し、救いを求めて宗教にすがる人も出てくるかもしれません。あるいは逆に、宗教はいざという時に何の役にも立たないことが露呈し、宗教離れする人たちも増えるかもしれません。

いずれにしても、私は前述したように、宗教がなくなる「みろくの世」を願って、宇宙神をＣＯＵ（センター・オブ・ユニバース）と呼んでいます。ＣＯＵは、宇宙に偏在している純白の愛。あらゆる宗教の基になっている無条件の愛であり、それこそが王仁三郎のいう愛善だからです。

多くの人たちがＣＯＵと一体化すれば、万教同根の真意を悟ることができ、宗教という形態や神という言葉もやがては過去のものになるでしょう。そして、神の分霊としての愛善なる魂を持つ人類へと進化していく。そのためにも、一人ひとりが仏像の光背のような輝くオーラを持ち、そして天使像の絵画に見られる天使の輪（第８チャクラ）を得て、宇宙の光を１００％取り入れられるようになろうではありませんか！

意識の覚醒は、ありのままの真実を受け入れ、それを自覚することによって促されます。惑星Ｘ（ニビル）の存在は、メディアの情報操作によって隠されています。しかし、注意深く情報を得ながら生存本能である直感に従って吟味していくと、必ず真実の姿が見えてくると思います。

また、どんな事態になろうとも、愛の実践によって意識の覚醒がもたらされることを忘れないことが重要です。宗教や霊能者に頼る暇があったら、身近な家族に対して愛を実践する、あるいは社会貢献という形で愛を実践した方がよほど身魂磨きになります。

身魂磨きとは、決して自分をいじめることではありません。まず自分自身を許し、そして心身ともに健康になることです。そうすれば自ずから他に対して具体的な形での愛の実践ができるようになります。

王仁三郎は、「愛善は、天国すなわち神の国よりほかにない」「現実界の愛には愛の善と愛の悪とがある」としたうえで、こう述べています。

『しかしながら吾々は、現界において絶対に愛悪の世界を愛善にすることは出来ないという考えをもってはいけないのであります。この現実界を愛善の世界にしようと思えば、まず神さま（著者注＝本当の宇宙神）を信じ、そして神さまの御心になって現実界に臨んだならば、愛善の世界が築かれるのであります。いわゆる語を代えて言えば、「弥勒の世」が地上に樹つのである、天の岩戸が開くのであります。それでどこまでも、吾々は愛を徹底的に行なうてゆかねばならぬ』（『出口王仁三郎全集1』）

この言葉からもわかるように、みろくの世は愛の実践あるのみです。愛の実践は、心の大掃除、自分さえよければいいというエゴの大掃除から始まります。

怖れや不安、否定的な感情やマイナス思考を手放すために潜在意識の浄化も必要です。

そうした方法については、いろんなセラピーやヒーリング、カウンセリングなども役立つでしょう。

各自が潜在意識を浄化して、意識の覚醒に努めれば、宗教の出る幕はありません。そもそも、元来、日本人は内省的で、思いやりや自己抑制に長け、調和を重んじてきた民族です。その点に関して、王仁三郎は、「日本は世界の床の間であるから、まず床の間から掃除を始めるのである」と述べています。

であるならば、これからどんな災厄が起きても、私たちは世界人類と共に連動していることを自覚して、気持ちを鎮め、粛々と身魂磨きを続けていけるはずです。

たとえ日本がボロボロになったとしても、国生みの島・淡路島に再び陽が当たり、日本が奇跡的な復興を遂げ、新たな世界文明を興す可能性を信じて……。

意識の覚醒を促すために自分でできること

では、ここからは意識の覚醒を促し、神と一体化して魂の岩戸を開くために何をすればいいかについて、私なりの考えを述べてみたいと思います。

第一に、身の周りの不要なものはできるだけ処分することです。物が少なければ少ないほど、意識も覚醒しやすくなるからです。なるだけ所有物を減らして、ムリ、ムダ、ムラの少ないエコ生活にチェンジする。すると意識もスッキリ鮮明になり、直感力や洞察力も冴えてきます。

東日本大震災で被災した人たちが、本当に必要なもの、本当に大切なものは何なのかを学んだように……。電気やガス、石油などのライフラインや食糧は生きていくうえで最低限必要ですが、あまりにも物やお金に頼り過ぎていると、とりわけ大災害が起きた時などは立ち直れなくなります。大災害に見舞われた時は、いわばサバイバル状態なので、最低限の物だけを持っておく方が生き延びやすいのです。

したがって、なるだけ物やお金に依存しなくてもいいように身辺整理をして、できるだけ身軽になっておくこと。そうすればいざという時がきても物に執着することなく、精神的なダメージも少なくてすみます。

何を残し、何を捨てればいいか迷った時には、自分自身に聞いてみてください。そのための方法として、Oーリングテストやキネシオロジーと呼ばれる筋肉反射テストが役立ちます。これは、自分自身の身体をセンサーにして、イエス・ノーを確認する方法です。

キネシオロジーの場合は、片手に検査物を持ち、もう片方の腕を床と並行に延ばして、検査物が被験者にとってポジティブに作用するか（イエスか）、それともネガティブに作用するか（ノーか）を、もう一人に腕を下に押してもらった時の筋力の反応（強弱）で確認します。

検査物がネガティブな反応を示すものであれば、腕の筋力が弱まって下がり、反対にポジティブな反応を示すものであれば、筋肉は正常に圧し返します。これは自分の身体に聞く方法なので、お金もかからず、いつでもどこでもできて便利です。この方法で、自分にとって本当に必要な物と不要な物の選別もできるのです。

私はかつてキネシオロジーの講師もしていましたが、このテストの精度が非常に高い理由は人間の身体が宇宙や自然の摂理と連動しているからだと思います。たとえば、動物の場合、安全な食べ物か危険な食べ物かを口の中のインナーマッスルで瞬時に判断し、危険を察知した瞬間に口から吐き出します。このように「身体は答えを知っている」のです。

人間も自然のリズムと共鳴・共振していることから、自然との共鳴度が高いと体内のパワーが増してイエスと反応し、共鳴度が一定よりも低いとパワーがダウンしてノーの反応がでるのです。ちなみに、私は一人でキネシオロジーができるセラミック棒（「愛棒」）を開発していて、これを意識覚醒のサポートのために用いています。

さて、生活様式をできるだけシンプルにしたら、次に心の調律を行いましょう。

心の調律とは精神の安定を図ることで、それができていればいざという時にもパニックに陥ることなく、直感が働いて冷静な思考と行動が取れます。たとえば、普段から深い呼吸を心がける、瞑想の習慣を持つ、無私の祈りを捧げることなどが心の調律に役立ちます。

心の調律ができるようになったら、次は明晰な思考を通じて、自分ができること、なすべきことを自覚（意識化）しておきましょう。たとえば、次のような問いを自分自身に投げかけて、内なる神ならどう答えるかを想定してみるのです。

これからの時代、宗教は必要なのか？

いろんな神話や予言が共通しているのはなぜか？

アセンションとは何か？　そこでどんなことが起こりうるのか？

なぜ日本人として今この時代に生きているのか？

日本人の精神性が失われつつある背後に何があるのか？

どうすれば本来の日本人の精神性が発揮できるのか？

もし今後さらに大きな災難に見舞われるとしたら、どのように対処をして、何を準備しておけばいいのか？

人類はこれからどのような生き方をしていけばいいのか？

スピリチュアルな視点から見て本当に大切なものは何なのか？

今、自分にできることは何か？

死を怖れないこと

死を怖れないことも意識の覚醒につながります。なぜなら、死は終わりではないからです。死んだら終わりという考え方は、刹那的な生き方や自分さえよければいいというエゴを増長します。

一方、魂は存続し、輪廻転生があると考えれば、死に対する怖れから解放され、死は新たな旅立ち、成長のステップとしてとらえることができます。

輪廻転生を受け入れたなら、自分は何のために生まれてきたのか？　今回の人生の目的は何か？　などと考えるようになり、たとえ今がどんな境遇であっても「自分で選んだ道だから」と達観でき、他者に対する接し方も変わってくるでしょう。

輪廻転生は、死と再生がセットになった魂の永続性を意味しています。古代シュメール文明においても死と再生はセットであり、死は成長のステップであると捉えられていました。

また、輪廻転生の考え方は、約2世紀前までユダヤ教の中心をなしていたといいます。

アメリカの精神科医であるブライアン・L・ワイス博士は、著書『前世療法』の中で、輪廻転生などまったく信じていなかったのが、退行催眠を通してクライアントに接していくにつれて前世があることを確信した、と述べています。

ワイス博士によると、『旧約聖書』にも『新約聖書』にも実は輪廻転生のことが書かれていたそうで、著書のあとがきでは、「死の恐怖から開放され、真の人生の意味を知り、十分に自分の人生を開花し、周りの人びとに愛を広げてくれたらと願う」と述べています。

また、『「生まれ変わり」が科学的に証明された！』という本には、ネパール人男性の前世をもつ女性の実証検証が行われた模様が詳細に綴られています。これは、学んだはずのない外国語で会話するというきわめて稀な超常現象で、生まれ変わりの科学的証拠として最有力なものとされています。

このように、輪廻転生の例は古くからあり、今もその証拠が提出されているにもかかわらず、日本のほとんどのマスコミは輪廻転生やアセンションについて無視し、まともに取り上げようとはしません。ですが、死が終わりでないことを知らなければ、いつも不安や怖れがつきまとい、死ぬまでその恐怖にさいなまれることでしょう。

それは同時に、意識の覚醒にふたをしてしまうことにもなります。死に対する怖れや不安が意識を曇らせるのです。また、唯物的な価値観を持ったまま霊体になって、自分が死んでいることすら気づかず、いつまでもこの世でさまよってしまうことにもなりかねません。

死は再生のプロセスであり、魂の新たな成長のためのステップである。

このことを自覚していれば、怖れや不安は消え、肉体を持って生きている間も、瞬間瞬間、今、自分は何をなすべきかが明確になります。

食べ物は穀物菜食を中心に

意識の覚醒を促すためには、健康な心身をつくる食べ物を摂取することも重要です。

王仁三郎は、霊主体従を説く一方で、この世の人間は「霊五体五《れいごたいご》」であるとも述べていました。つまり、霊体と肉体の両方のバランスが大事なのです。

その点、食べ物は、身体の健康だけでなく、意識にも影響するのでとくに注意が必要です。身体と心にいいのは、昔から日本人が食べてきた伝統的な穀物菜食です。

王仁三郎もこう述べています。

「肉食のみを滋養物として、神国固有の穀菜を度外する人間の性情は、日に月に惨酷性を帯び来たり、つひには生物一般に対する愛情を失ひ、利己主義となり、かつ獣慾益々旺盛となり、不倫不道徳の人非人となつて了ふのである」（『神霊界』）

また、『日月神示』でも「天国の住人は動物性食品を嫌う」とされ、波長の細かい穀物食のみが神界に通じると述べられています。

現代の分子矯正医学においても、肉類や白砂糖は病気になりやすいとされており、菜食の方が肉食よりもスタミナがつくという研究結果もあります。このような背景もあって、野菜を中心とした粗食やマクロビオティックなどの玄米菜食などが世界的に見直されているのは皆さんもご存知だと思います。

基本となるのは、その土地でとれた旬のもの、できるだけ化学肥料や農薬を使っていない作物、できるだけ添加物を使っていない調味料や加工食品など、エネルギーと栄養が損なわれていない生命力の高い食べ物をとることです。

肉食が地球環境破壊と食料危機を助長している実態については、中村三郎氏の著書『肉食が地球を滅ぼす』に詳しく述べられています。

要点を紹介すると、

・地球上におよそ12億8千万頭の牛が飼われ、牛は世界の陸地の24％で草を食べて生かされ飼育されている。
・つまり、牛は数億人の人間を養えるほどの穀物を食べている。
・この牛の飼育において、熱帯雨林の破壊が進み、ゆえに地球の生態系を狂わせている。

・また、牛の排泄物は、温暖化ガスのメタンの発生源にもなっている。
・そして、世界穀物収穫量の3分の1は牛やその他の家畜のエサに使用され、その一方で10億人の人々が飢えと栄養不良に苦しんでいる。

また、『脱牛肉文明への挑戦』という本では、著者のジェレミー・リフキン氏が、肉食文化がアメリカを病人の国、犯罪者の国、畜生の国にしたと厳しく指摘しています。

リフキン氏は、中央アメリカ産牛肉のハンバーガーを1個つくるのに5平方メートルのジャングルが伐採され、牧草地に転じられていると警告しており、砂漠化によって深刻なダメージを受けている地域はすべて牛の生産地だと述べています。

さらに加えて、家畜動物たちの意識の影響も考えられます。牛や豚も人間と同じように意識を持っていて、牛は殺されるとわかると涙を流します。人間も他の動物も、死ぬ間際の意識、思い（感情）が大事です。

動物の屍体を食べることは、動物たちの怖いというマイナス感情を食べることに他なりません。その意味でも、狂牛病や鳥インフルエンザの流行は、肉食過多に陥っている現代人への警告ともいえます。穀物菜食に戻るよい機会かもしれません。

過去の偉人たちは、肉食の弊害を次のように語っています。
「私が見るところ、ベジタリアンという生き方は、人間の性質に対し、間違いなく実際に影響を与える。その影響は、大多数の人間にとって、この上なく有益なものだ」（アルバート・アインシュタイン）
「動物が、どの様な扱いを受けているかを見れば、その国がどの程度立派であり、道徳的に進んでいるかがわかる」（マハトマ・ガンジー）
「動物を殺すということが今、人を殺すことに対して見るのと同じ様な目で見られる様になる日が、いつか来るであろう」（レオナルド・ダ・ヴィンチ）

松果体を活性化して宇宙エネルギーを取り入れる

意識の覚醒を促す直接的な方法の一つが、私が体験したような、宇宙エネルギーで脳内の松果体を活性化することです。この点に関して、興味深い話があります。第2次大戦中にドイツの天才科学者ラインホルト博士とともにＵＦＯを試作した天才科学者、神坂新太郎氏も同様な研究をしていたというのです。

神坂氏は、銀河系の中心にあるブラックホールから送信され、太陽系の中心核である太陽を経由して地球上の生命に送信されてくる光波動のことを「スピリット波動」と名づけました。

そして、５次元の中心核こそが全宇宙の中心で、過去・未来すべての情報があるとの仮説を立て、宇宙のすべての本質がそこにはあり、そこからすべての指令が全宇宙に発信されると述べています。つまり、今の宇宙の構造は、５次元の中心核から発信される情報（スピリット波動）が銀河系の中心にあるブラックホールを経由し、太陽を経由して地球に届いているというわけです。そして、スピリット波動を人間の松果体が受けると、大自然の意志通り理想の行動が取れ、「我」もなくなるといいます。

神坂氏は、自身が発明した蘇生水を長期間にわたり飲むことによって松果体が発達し、スピリット波動をより正確に受信できるようになったようです。

また、神坂氏は「ライフコントローラー」という気（エネルギー）を発生させる機械も開発しています。中国の大極拳や日本の気功術などと同じ原理で、機械を30分ほど運転させると集まった気エネルギーが家一軒分を包み込むほどの大きさとなり、中にあるものの生命力を高めるそうで、神坂氏はこの効果によって末期的な脳腫瘍を完治することに成功したと語っています。

さらに驚くのは、氏は生前、日本は一定地域を除くすべてがプラズマ球体で包まれていて、「これがあれば大地震もミサイルも怖くない」と言っていたことです。

地球上の技術ではこのプラズマ球体を破ることは不可能ということで、これを実行したのはかつての共同研究者、ラインホルト博士ではないかと考えていたようです。

巨大プラズマが防御システムとして働くのは間違いないでしょうが、ニビル星の接近による太陽の強烈な磁気嵐などにも効果を発揮してくれるのかどうかは、神坂氏がもうこの3次元にいない以上、知るすべはありません。

いずれにしても、神坂氏のいうスピリット波動の次元は、私が体験した宇宙の中心（無限大の純白の世界）と同じ次元なのではないかと思います。だとしたら、松果体を活性化することで、この宇宙根源のエネルギー（スピリット波動）の感受性が高まるのは間違いないでしょう。

パートⅦ

あなたが開く「みろくの世」

波動を上げる方法

王仁三郎のいう「霊主体従」とは、前出の神坂新太郎氏のいうスピリット波動、宇宙神の光の感受性を高めることです。もっとわかりやすくいえば、「波動」を高めるといってもいいでしょう。波動とは、まだ科学的に検知されていない精妙なエネルギーでもあるからです。

仏教用語に、「色即是空《しきそくぜくう》・空即是色《くうそくぜしき》」という言葉があります。これは、「物質はエネルギーからなり、エネルギーが物質に変化する」という意味ですが、この「空」という語句を「波動」に置き換えてもいいかもしれません。つまり、「物質は波動からなり、波動に一定の力が加わると物質になる」のです。言い換えれば、波動レベル（高低）の差が物質のクオリティを規定しているということ。

したがって、人間の波動が上がれば、宇宙神との共鳴度が高まってオーラの輝きも増し、意識が覚醒しやすくなるのです。ただし、身体波動も精神波動もどちらも大事で、特に双方のバランスが重要です。ですから、各自が身体や心の波動を上げる方法を模索し、ぜひできることから実践していただきたいと思います。

そして、一歩進んでいる人は、後れて歩く人にその方法を優しく教えてあげてほしいと思います。その愛の行為が、みろくの世の扉を開くことになるからです。

神がみろくの世をつくるのではなく、それはあくまで人間がなすべきことです。その意味で、みろくの世の到来は一人ひとりに委ねられているといえます。

人間には自由意志が与えられています。心の調律は自分でしなくてはなりません。ですから、結果として自分に起きている現実はすべて自己責任です。たとえば、病気になる人はどこかでバランスを崩しているか、ネガティブなマイナス思考のパターンがあります。他の人がいくらアドバイスをしても、本人がそのパターンを改めない限り改善は望めず、その意味でも、病気という結果は自己責任となります。

つまり、自分自身のネガティブなパターンや不調和に気づくか気づかないかの違いが、波動を上げられるかどうかにかかっている。言い換えれば、自分で気づいて改めさえすれば、意識の覚醒は容易にできるのです。

また、波動を高めるための秘訣の一つは、「与える」ことです。マイナス思考や不調和なエゴ（我欲）は、ひとにエネルギーを与えるのではなく、ひとからエネルギーを奪うことになります。マイナス思考は、他者からの同情や認知を求め、我欲は他者からの注目や承認を強く求めます。それは無意識下で起きているので気づかないだけですが、マイナス思考やエゴが強い人はそのようにひとからエネルギーを吸い取るので、ひとが離れていくのです。

ですから、波動を上げるためには、ひとから奪うのではなく、与えること。とりわけ、意識の覚醒にとっては、共感や思いやりなどの暖かいエネルギーを与えることが重要です。

その意味で、他人に対する愛の祈りはとても大切な行為です。他者の幸福を祈る気持ちは、波動としてこの宇宙という空間に刻まれます。そして、同種の波動を引き寄せ、共鳴しながらさらに大きなうねりをつくっていきます。

その見えない影響を示す「バタフライ現象」をご存知でしょうか？　蝶が羽ばたくとその羽ばたきが起こす小さな風が、やがてトルネードのような大きな現象になって遠く離れた場所にまで到達することから、「北京で蝶が羽ばたくとニューヨークで嵐が起こる」といわれているのです。

要するに、個々は小さなエネルギーであっても、共振・共鳴の原理によってスパイラル的にエネルギーが増幅し、ある臨界点を超えるととてつもなく大きな現象を引き起こすことができるのです。

祈りの力と芸術の力

人の意識がつながっていることを示す、祈りの実験もいくつかなされています。なかでも有名なのは、サンフランシスコ総合病院で行われた心臓病患者による実験です。

ラリー・ドッシー著『魂の再発見』によると、元カリフォルニア大学の心臓学教授ランドルフ・ビルドは、祈りによって大変な治療効果があることを証明したそうで、それはおよそ次のような内容です。

・実験はサンフランシスコ総合病院のＣＣＵ（心臓病集中治療室）に入院中の患者３９３人を対象に10ヶ月にわたって行われた。

・393人の患者はコンピュータにより無作為に分けられ、祈られるグループ192人と祈ってもらわないグループ201人に分け、臨床実験で行われる厳密な基準を適用して行われた。
・患者、看護師、医師もどのグループに誰が入るかを知らないという厳格さであった。
・患者のために祈る人たちを全国のカトリックとプロテスタント教会、さまざまな宗教グループに呼びかけ、患者のために祈ってもらった。
・祈る人には患者のファーストネーム、病名、現在の状況を簡単に知らせ、毎日その患者のために祈るように依頼した。しかし、祈り方については、何ら指示はなかった。
・患者1人につき祈る人は5人から7人の割合であった。
・結果は衝撃的であった。祈られた患者グループは、祈られないグループに対して驚くほど良い治療効果を示した。
・抗生物質を必要とした患者の数は、祈られないグループの6分の1。祈られたグループでは心臓疾患の結果、肺気腫になった人が、祈られないグループの3分の1。祈られたグループでは人工気道を確保する気管内挿管を必要とする人はいなかった。一方、そうでないグループでは12人が人工気道を必要とした。

・この結果を見て、ウィリアム・ノーラン博士は、「この研究は精査に耐えうるものだ。おそらく、われわれ医師は『一日3回祈ること』と処方箋に書くべきなのだろう。祈りは効くのである」と述べた。

このように、他者の健康と幸福を祈るのは明らかに効果があり、地球全体に良き種を蒔くことにもなります。ただ与えるだけの無私の祈りは、世の中を変える安全で確実な方法なのです。

自然界の動物たちは本能で生きていますが、人間のように憎むというような想念などは持っていません。地球にいちばん迷惑をかけているのは、悪想念を放ち続けている私たち人類です。それゆえ、一人ひとりの祈りの力で地球を浄化することが望まれます。

聖なる祈りの大切さが分かった人が少しずつ増えていけば、ある閾値《いきち》を超えた時に爆発的に世の中に光が増えていくでしょう。その閾値は、日本の人口から見ると10～20万人ほどだと見られています。だとすれば、一人が隣人に祈りの大切さを伝えるだけでも、あっという間に達成できる数字です。

ですから、たとえ末期的な状況であっても決してあきらめてはいけません。あなたの意識が変われば、世界は変えられるのです。地球（ガイア）は意識を持った生命体です。

私たち人類は、ガイアという生命体の細胞に当たります。人類がガイアにとってのがん細胞として全身に転移していくのか、それとも、免疫細胞となってがんを退縮させていくのか……。今、それが一人ひとりに問われています。

その意味で、心の底から湧き出る無私の祈りを続ける行為は、この地球を再び美しい星に再生できる力を秘めているといえるでしょう。その第一歩が、心から他者の幸福、成長を願うことです。人はみな同根で、地球という同じ樹木の葉であり、他者と自分は隣同士の葉のようなもの。

ですから、他に対して祈ることは、自分に対して祈っていることと同じであり、そのような分離のない自他一如の祈りは美しく、神の光と響き合います。

意識の覚醒を促すうえで大事なことは、美しいものと接することです。とりわけ「真・善・美」は波動を高める要素ですが、それらを含むものが芸術です。絵画や陶芸、書道や舞踏など、時代や地域を超えて人びとの感動を誘う芸術作品は、宇宙の形やリズムと共鳴する共通コードを持っています。

普遍的な美は、宇宙神のプロポーション（調和）を示していて、宇宙と共鳴するからこそ私たちは無条件に感動するのです。ですから、美を鑑賞したり、また自分で美を極めることや楽しむことも波動を上げることにつながります。

優れた宗教家は優れた芸術家でもあり、王仁三郎の耀《よう》わんは世界でも類を見ないほど芸術的な価値が高く、書もとても達筆で天才的でした。

優れた人格は、素晴らしい芸術を生み出す源になると同時に、芸術を極めることによって人格が磨かれていきます。芸術家は神からのインスピレーションも受けやすく、それゆえに素晴らしい作品を残すことができるのです。才能があるなしにかかわらず、芸術に親しみ、美を求める意識が神との共鳴につながります。

鉱物は人間の波動を左右する

私たちの波動を上げてくれる有力なサポート役の一つが、鉱物です。「石にも意志がある」というとシャレのようですが、これは事実です。「全てのものに神が宿る」といわれるのも単なる比喩ではなく、実際に鉱物も生きていることが実験によって確認されています。

インド科学の父といわれたジャガディス・チャンドラ・ボース博士は、植物だけでなく金属や石のような無機物までが薬物や毒物などの外部刺激に対して様々に反応することから、「いったい生命とは何なのか?」を追及したことで知られています。

ボース博士は、「生物と無機物の境界線はどこなのか?」を確かめるべく、１４００万倍の高倍率の顕微鏡をつくり、磨いた鉄の表面を観察したところ、鉄の表面が動いていたようすを確認したといいます。

そこでクロロフォルムを塗ると動きが止まり、10分後にまた動き出した。次に硫酸を塗ったところ、今度は時間が経ってもまったく動

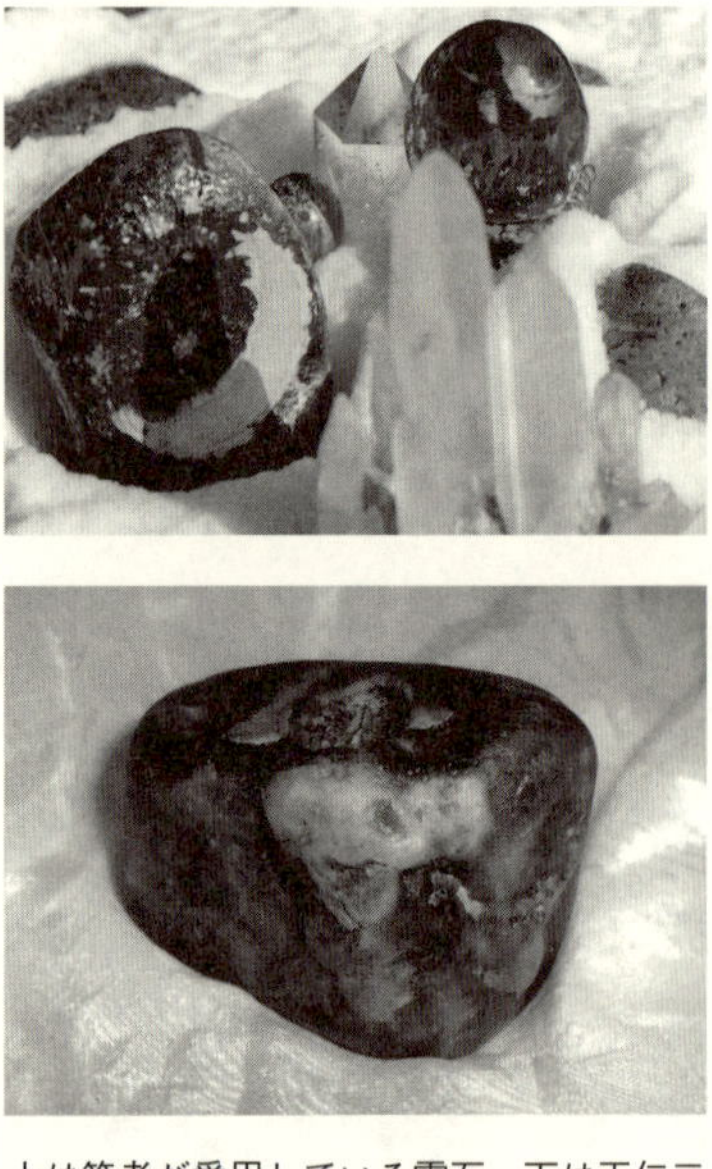

上は筆者が愛用している霊石。下は王仁三郎が使用していた岩笛。

かなくなったというのです。このことから、鉄も生物のような活動をしていることが伺えます。

また、ボース博士は、磁気を帯びた酸化鉄と動物の筋肉による比較実験によって、金属も疲れた動物や人間と同じように疲労から回復することも確認しています。ということは、生命のない金属と生命のある有機体との境界線は、実際にはそれほど明確なものではなく、それらは連続していると考えられるのです。

このことからも、生物と無機物は波動レベルで見るとグラデーションのようにつながっていると思われます。つまり、無機物も生きているのです。

すべての存在は宇宙神の光（スピリット波動／微細エネルギー）から成り立っていて、波動や周波数の違いによって個別化しているだけなのです。そのように、あらゆるものは神のコードでつながっている。その中で、共鳴度が高いもの同士が引き合い、結合する。このため、高い波動を持つ鉱石は、人間にさまざまな恩恵をもたらしてくれます。

たとえば、ホルミシス効果をもつ石は、血流をよくし、病を軽減したり、水を美味しくするなどの効果があります。ホルミシスとは、ギリシャ語で「刺激する」という意味で、一般的にラジュウムやラドンなどの形で現れる低線量放射線で、0・1ミクロン以下の非常に波長の短い放射線です。

米国ミズーリ大学のラッキー博士によって、こうした微量な波長の短い放射線は身体の免疫力を向上させるなどの有益な作用があることが証明され、現在では、世界中の著名な研究者たちも微量放射線によるホルミシス効果に注目しています。

ホルミシス効果のある石として有名なのは、多くのがん患者が湯治に訪れる秋田県の玉川温泉の北投石《ほくとうせき》（ラジウム鉱石）やウラン石などです。

また、一般的な薬石としては、天照石《てんしょうせき》（祖母聖光石）、麦飯石《ばくはんせき》、トルマリン鉱石、角閃石《かくせんせき》、ゲルマニウム鉱石、ラジウム鉱石、溶岩石、医王石、ブラックシリカなどで、これらは遠赤外線やマイナスイオンを発生することから、健康維持・促進のために飲用、浴用、岩盤浴などに用いられます。

遠赤外線を放射するセラミックとして知られるアルミナ（アルミニウムの酸化物）は、セラミック白色粉末として、アルミナ繊維を織り込んだファブリック（織物）や健康下着、ファンデーションなどの粉状化粧品のベースとしても使用されています。

さらに、一部の鉱石は、波動的作用によって身につけた人のエネルギーの強化や浄化にも役立ちます。たとえば、エジプトの王は身を守るために宝石を身につけたといわれますが、宝石も波動が高い鉱石の一種です。

また、綺麗な青色をしたラピスラズリは、ネガティヴなエネルギーを受けた時の身代わりとなって灰色に変わることもあり、透明な水晶も人間の悪想念などで白く濁ることもあります。

今、パワーストーン、ヒーリングストーンとして、若い女性たちの間で色とりどりの天然石が大変人気を集めています。願いを叶えたり健康や開運をもたらすといわれるパワーストーンは、まるで現代人にとってのお守りのようですが、古来より薬石はインドや中国、チベットなどで薬草と並ぶ自然療法としてさまざまな用途に用いられてきたのです。

このように波動の高い鉱石は、身体の健康にはもちろん、オーラやチャクラの活性化にもつながるので、自分に合ったものを身につけるとよいでしょう（ただし、定期的な浄化を忘れずに）。

高波動のテラヘルツ波を放射する石がやってきた

ひとが鉱石を選ぶように、鉱石も人間を選んでいるようです。とりわけ、霊石、薬石と呼ばれるような石は、自らの意志で価値がわかる人のところにやってきます。まるで「私を生かしてほしい」といわんばかりに……。

世界各地にある霊石、薬石が発見された時の逸話には、「お告げを受けた」などのスピリチュアルな話が多いことからも、石が意志を持っていることが伺えます。

私の場合も、とくに神との一体化を経験した2010年の終わり頃からそのような鉱石たちが立て続けに集まってくるようになりました。そんな中、驚くべきことが判明しました。それらの鉱石から、「生命そのもの」といわれる特殊な生命光線が放射されていることがわかったのです。

それは「テラヘルツ波」と呼ばれる放射線です。テラヘルツ波とは、光と電波の境界領域（両方の性質を持っている）にある電磁波で、周波数が10の12乗ヘルツ（1THz）という領域にあることに由来します。これは1秒間に1兆回振動する高周波数です。

テラヘルツ波は、カメラのようにレンズで結像したり、X線より安全に物を透過することから、情報通信・生命・医療・安全・健康・産業・環境・宇宙・科学など幅広い分野での展開が期待され、次世代のキーテクノロジーとして熱い注目を浴びています。

また、テラヘルツ波は人体からも放射されていて、最も多いのは子どもで、ヒーラーなども高い数値を示していることから、癒しや蘇生効果があると考えられます。要するに、テラヘルツ波は生命エネルギーそのものともいえ、非常に高い波動を持っているのです。

このテラヘルツ波を多量に放出している鉱石のベスト10が、わずか約1カ月足らずで次々に私のもとにやってきたことから、私は改めて自分がなすべき役割を再認識させられました。

石好きの私としては、それほど石に好かれているとしたらとても嬉しく光栄の限りですが、アセンションが近いこの時期に私のもとに結集してきたのは、もはや個人的なレベルを超えて、この石たちに何か特別な役割があるに違いありません。

私は新月の深夜に石と対話をします。もちろん、石は何も語ってはくれませんが、波動を放っているので、それを感受するのです。種々さまざまな鉱石の一つひとつの波動をじっくり受け取ってから、実験したり検査にまわします。

私はこれまでもいろんな鉱石を利用して、人体に有益な製品を発明してきました。

ご縁のあった方々には、各々の症状、問題に応じた霊石、薬石を加工した製品をお分けし、多くの改善報告をいただいています。

一つだけ直近の例をあげると、血糖値が下がった太田勝己さんのケースがあります。太田さんは、大阪で気功治療院「自然療法　赤ひげ」を開業されている60歳の男性です。脳梗塞で倒れて入院した際に、持病の糖尿病の食事療法などを併用していました。

入院当時の中性脂肪は１５００、血糖値は１５０〜２００とのこと。そこで、テラヘルツ鉱石を細かく砕いたセラミックを差し上げ、10日間の入院中、ペットボトルに入れて１日１リットルほど飲んでもらい、セラミックの粉を練り込んだシートをベッドに敷き、大きめの鉱石を枕に挟んで寝てもらいました。すると、入院後、中性脂肪は１９０に、血糖値も75ほどに下がり、インシュリンの量も減ったそうです。

太田さんからの手紙にはこう書かれていました。

「入院時から始まった体全体の痛み、炎症はずいぶんとよくなっていましたが、残っていた右肩の痛みと足首の固さ、首の固さがずいぶんと改善しています。とくに残っていた右肩の痛みはかなりの改善が入院中にありました。数値の改善もさることながら、時間的に10日ほどの短期間で途中からの改善は思い当たるのはやはり石の水しか思い当たりません」

また、退院後に病院から「首の動脈が細くなって詰まりかけているので手術が必要」といわれたので、鉱石の粉末を首に巻いてもらったところ血色がよくなり、手術は見合わせてもよいといわれたそうです。

太田さんは、「食事や運動、精神的なストレスのない生活を経過した中での石の水の効果が望めている」といい、「自然療法　赤ひげ」（住所：大阪府松原市三宅西2－11－4／TEL：072－220－2564）では、希望されるお客さん

体験談を寄せてくださった「自然療法 赤ひげ」の太田氏。

にこのテラヘルツ鉱石セラミックを無料で配布されています。

太田さんの例のように、テラヘルツ鉱石の使用によって症状が改善したケースは、枚挙にいとまがありません。これは、波動レベルでみたら、テラヘルツ波そのものの効果に加え、製作者（私）の意図、そして使用する人の意識の相互作用によるものではないかと考えられます。

私は新製品を開発する時には、いつも使う人の健康と意識の覚醒に役に立ってもらえるように祈りながら制作しています。

ジオパシックストレスから身を守る生命場発生装置

その一例が、パートⅢで述べた「バテラス宝珠」や「オーロラX36」と名づけた通常の電磁波を生体電気に変換する装置などです。

「バテラス宝珠」は、場を照らす宝珠、つまり、居住空間の波動を高めて「生命場」をつくることで7つのチャクラとオーラを活性化するための宝珠型セラミックです。宝珠の中には、7つのチャクラとオーラに対応する波動（エネルギー）を持つセラミックを入れています。

いわば7色の光と共鳴・共振させているわけですが、それは宇宙神の純白がこの3次元に7色のグラデーション（虹色）となって現れ、その7色がそれぞれのチャクラやオーラのエネルギー源となっているからです。

したがって、7色の光と共鳴している場は、生命エネルギーが活性化した「生命場」（=ゼロ磁場）となるのです。ゼロ磁場というのは、N極とS極の磁気がお互いに打ち消し合って見かけ上、磁場がゼロになっている空間ですが、実は最も潜在的なエネルギーが高いことを意味しています。

そのような生命場は、ジオパシックストレスから身を守ってくれます。ジオパシックストレスとは、人体に有害な大地の電磁波のことで、昔から「ケガレ地」などと呼ばれる、生命力を低下させてしまうような土地のことです。

その原因となるのは、地下水脈、断層、地面の亀裂、洞穴、刺激帯の碁盤目のような地面下にある障害帯域です。これらには固有の振動があり、その強さに応じて人間や動植物に負荷をかける形で心身に影響を及ぼしているのです。とくに刺激帯が層を成して重なっている場所では、極度のストレスがかかり、原因不明の病気を誘発すると考えられています。

ですから、特殊セラミックによる波動作用と宝珠による宇宙との形態共鳴のシナジー効果によって、このジオパシックストレスから心身を防御し、生命エネルギーを高めて意識の安定化を図るのです。

この「バテラス宝珠」は、日本のみならず、世界各地に広がっています。

たとえば、オランダ・ライデン市の小児精神科医、アムステルダム市の通訳者、ニュージーランドのジャーナリスト、ドイツ・シュトゥットガルト市の画家、カナダの著名ヒーラー、ヨマンダ氏、ハワイの元グリーンピースの創立者、マイケル・ベイリー氏、アメリカ・テネシー州の13人のグランマザー会議メンバーのアヤーネ氏他、ドイツのローマー・デーセム村にあるホスピスなどにも置かれています。

これは、友人である静子・アウエハントさん（文化人類学者・セラピスト）のご協力によるものです。

静子さんは、江本勝氏の『水からの伝言』をヨーロッパに広めた影の功労者で、欧米や日本で中国算命学のカウンセリングを行う他、書道セラピーやユング心理学を応用したオリジナルの「ドルフィン・ドリームタイム」のセッションを行っています。

若い頃から大本外部の宣伝使《せんでんし》としての自覚を持っていたという静子さんは、現在、精神世界やヒーリング系の通訳として世界をつなぐ役割を果たしながら、「イルカちゃん」がお母さんを通じて伝える感動のメッセージ集、森野夏海著『胎児との対話』の解説・普及にも尽力されています。この『胎児との対話』に出てくるイルカちゃんも、意識の覚醒を促す力強いサポーターです。

静子さんが、沖縄のある大学の学長にこの宝珠をプレゼントしたところ、沖縄で地震があった際、本棚から宝珠が落下して花びらのように割れ、事なきを得て、「宝珠が身代りになってくださった！」と涙を流して感謝されたという嬉しい報告も受けています。

一方、「オーロラX36」は、家庭用のコンセントにつないで使用できるタイプで、特殊なセラミックの組み合わせによって波動レベルで有害電磁波を中和し、生体電気に近い波動に変換し、地球や人体に優しい電気として使うためのものです。

一般家庭において、さまざまな電化製品から発せられる電磁波の悪影響を取り除き、生活空間や職場などを生命場に変え、心身を快適に保っていただくために開発したのですが、愛用者の方々からは、大変好評をいただいています。

これはシリウスから与えられた設計図に基づいて制作したもので、音楽家の瀬戸龍介氏に「オーロラX36」を通した音源を使って視聴してもらったところ、「こんな音は初めてだ」と非常に感激され、すぐに導入されました。

瀬戸氏は、小澤征爾や世界的な琵琶演奏家の故鶴田錦史に師事し、『ホ・オポノポノ・ソング』の制作者としても知られています。

最新鋭の音響設備を誇るスタジオで制作活動を続け、魂を揺さぶる音楽家として知られる瀬戸氏が、「オーロラX36」を使った音の波動の違いを瞬時に悟られたのは、その才能の豊かさはもちろん、初のソロアルバムが「五六七(ミロク)」というタイトルをつけていることからも、筆者との見えないご縁を感じさせてくれるものがあります。

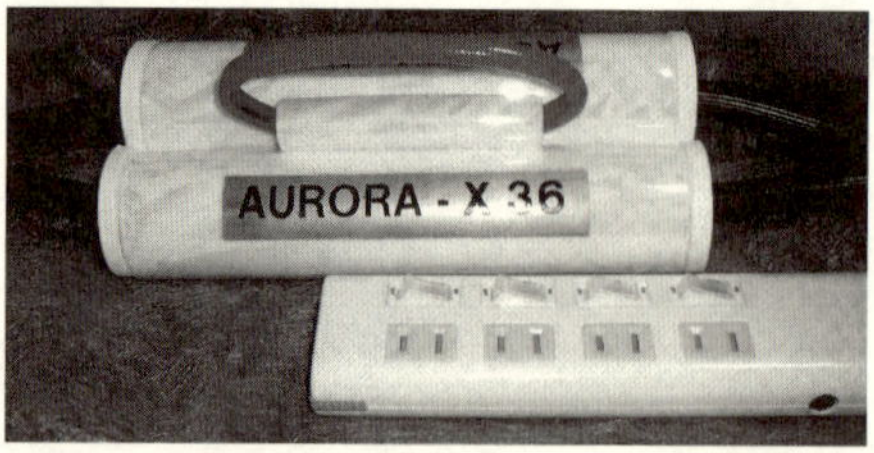

「オーロラX36」。一般家庭用のコンセントに繋いで使用。電磁波の害から身を守り、身体にやさしいエネルギーになることから、エコロジカルなエネルギーグッズとしても注目されている。

旧式の「オーロラX36」にも特殊なセラミックを使っていましたが、テラヘルツ波を多く出す鉱石を入れてバージョンアップしたところ、さらに一段と精度が増したことはいうまでもありません。

他にも「オーロラX36」のご愛用者からたくさん嬉しいご報告をいただいていますが、私自身も驚いたのが和歌山県の井元さんからのご報告です。以下、お手紙から抜粋します。

「櫻井先生の宝珠もすばらしいですが、オーロラも本当にすごいです。実は、家の神棚にはお榊をお供えしているのですが、昨年、1年間（2009年12月30日～2010年12月30日まで）まったく枯れませんでした。去年の夏は猛暑で、しかも昼間は仕事に行くので部屋は閉め切ったままの状態でした。それでも枯れることなく、1年間持ちました。

そして、また今年も2010年12月30日～2011年4月10日までず～っと枯れていません。それどころか、新芽が次々と出てきて、とても驚いています。

家にオーロラを置くまでは、毎月1日と15日にお榊を交換していました。夏はとくに枯れるのが早く、葉の色が茶色くなって枯れていました。

ところが、家にオーロラを置いてからは、お榊も家のお庭の花もとても元気です。なが

〜くお花を楽しめるので、とてもうれしいです。

オーロラは本当に不思議なパワーがあるのですね。感謝しています。

これからもオーロラにはず〜っとお世話になります。ありがとうございました」

ご参考までに、井元さんが同封してくだった榊の写真も掲載しておきます。

またつい先頃、「オーロラX36」などの私のオリジナル製品を波動測定したという方から、「これまでにないほどの高い波動が検出された！」と驚きの報告を受けました。

他のさまざまな波動商品を比較したところ、私の発明品が最も波動値が高かったそうです。

井元さんが同封してくださった榊。見るからに生き生きとしている。

波動を上げエネルギー体を強化するテラヘルツ鉱石

オーディオのアンプの上に置くことで音質を変える「音響構造－KIMIO－ピラミッド」という製品もあり、これは「オーロラX36」とセットで使用するとさらに効果的です。

これは、ピラミッド内部の特殊な電磁波処理構造により、電磁ノイズを遮蔽する中和装置で、オーディオシステムのノイズ対策と繊細なサウンドを表現するためのものです。

オーディオ業界では「アンプの上に何かを置くと音が変わる」というのは常識ですが、この「音響構造－KIMIO－ピラミッド」をアンプの上に置くと、サウンドの次元が変化して、音の質がまったく変わります。

音響の専門家によると、どの音源であっても、楽器はもちろん、演奏家やミュージシャン自身の波動（意識）までもが音として伝わってくるようだと表現されます。

これも「オーロラX36」と同様、最新鋭のテラヘルツ技術を応用した最新型の製品です。

こうした製品にご興味のある方は、「36 Sound」（http://www.36sound.com/）にアクセスしていただければ、さらに詳しい内容がわかると思います。

私がこうした製品を発明し、理解ある方々に提供しているのは、肉体はもちろんチャクラやオーラといったエネルギー体を強化して、波動を上げていただきたいからです。

私たちの人体の周りには、オーラと呼ばれるエネルギーの層が卵の殻のように包んでいます。元気な人はその光輪が強く、大きいわけですが、電磁波公害ともいえる昨今の状況やこれから予想される地磁気の乱れなどによってオーラが委縮したり、地球そのもののエネルギーが弱まって人びとの生命エネルギーが枯渇してくる可能性もあります。

ですから、私は、個々人のオーラを強化し、ひいては地球のオーラをも活性化できるように、天然鉱石のエネルギーを最大限に活用して、微力ながら地球人類全体のパワーアップをはかるお手伝いがしたいのです。

これは、王仁三郎聖師に霊石を献上していた櫻井家の使命とも重なり、私にとっては聖師の遺言に応える活動で、テラヘルツ鉱石を用いて人びとの意識覚醒に貢献できることが何よりの喜びなのです。

私の開発したテラヘルツ鉱石加工製品は、他にも「光のイオンシート」や一人で筋肉反射テスト（Ｏ－リングテスト）ができる「愛棒」などがあります。「光のイオンシート」は、生活のさまざまな場面で簡単に使用できる、健康増進と環境保護のためのシートです。「愛棒」は、筋肉反射テストだけでなく、意識の覚醒を促す効果があり、宇宙神と一体化するために用いると効果的です。やり方は簡単で、「愛棒」を持って、付属の円柱の特殊セラミックを回転させて意識を集中します。

桁違いのテラヘルツを放射する「月光石」とは？

私のもとにやってきた石が非常に高いテラヘルツ波を出していることを明らかにしてくださったのは、自然界のテラヘルツ波専門研究者である新納清憲氏（株式会社日本技術開発センター代表取締役社長）です。

新納氏は、社団法人テラヘルツ協会の会長でもあり、これまで大阪ガス・オリックスグループ等と共同開発をする中で数々のヒット商品を生み出しています。数種のセラミックを絶妙に配合して、遠赤外線やマイナスイオンを最大限にバランスよく引き出す職人技を持ち、その技術力は日本一と評価されていて、国や地方公共団体から技術協力を求められるほどのエキスパートです。

そんなセラミック研究の第一人者である新納氏が、全国の霊石、薬石を徹底的に調べ、テラヘルツ波鉱石の測定をしていたところ、私が紹介した石が立て続けにテラヘルツ波鉱石のベスト10入りし、なかでも「月光石キミオライト」から他のテラヘルツ鉱石とは比較にならないレベルのテラヘルツ波が検出されたのです。

「月光石キミオライト」と名づけたのは私ですが、というのも、王仁三郎によると「星々は月から生まれた」ことから、「宣伝使たるものは月を見て自分を清めよ」と述べられていたからです。その月光石の知られざるパワーが明らかになったのは2011年1月のことでした。

新納氏によると、月光石から放射されていたテラヘルツ波は、それまでの検出器の範囲を振り切るレベルで、新たに検出器をつくり直さなければ測定不能だったそうです。

テラヘルツ波はあらゆる物質や生命体から放出されていますが、とくに多く放射されているのは健康な人体で、天然鉱石も微量ですが放射します。

ある種の天然鉱石に電子照射装置で人工的にテラヘルツを照射することによって、さらに強力なテラヘルツ照射体ができます。

そこで、一般的な天然鉱石、人工テラヘルツ鉱石、そして人工テラヘルツ波を照射した月光石のデータを比較してみましょう。

水晶 33μw/m平方、トルマリン 75μw/m平方、ブラックシリカ 270μw/m平方、玄武岩 400μw/m平方、人工テラヘルツ鉱石 330μw/m平方。

これに対して、月光石（パウダー）に人工テラヘルツ波を照射したデータは、なんと8百万μw/m平方。まさに桁違いです。この月光石は、火山の爆発時の高圧と高熱によってできた鉱石です。

今からはるか1億年以上前、日本の本州には富士山と並ぶ高山が聳《そび》えていました。その後、大爆発を起こして山のほとんどが吹き飛び、現在の山並みが残りました。

火山の形跡は、火山灰の堆積岩、火山流の爪跡や溶岩の分布でその規模を知ることができます。この一帯は、石英安山岩《せきえいあんざん》、凝灰岩《ぎょうかい》、黒雲母花《くろうんもか》こう緑《りょく》岩、石英流紋岩《せきえいりゅうもん》などから成り立っています。

月光石は、この付近の特殊な場所から発見されました。特有のテラヘルツ波、高エネルギーができあがった要因は、凄じい火山爆発のエネルギーを吸収する鉱物結晶を持つ構造体によるものです。

新納氏が代表を務める新エネルギー産業株式会社（http://www.n-t-c.jp/）では、さまざまテラヘルツ加工製品を開発・製造していて、私が提供した月光石も「キミオライト」と命名されてその製品群に導入してくれています。

なかでも、「メディカル・ハーモニー」という健康パッドは、敷くだけで全身の血行が改善し、こりが解消することから、話題を呼んでいます。この健康パッドは磁気とテラヘルツ波の応用品で、4層構造になっており、国立病院で末梢血流増加効果を実証済みで、医療機器として製造が許可されています。血行不良、冷え性、肩こり、腰痛、不眠、床ずれ予防に著効があり、ペットの健康改善にも利用できます。

生活習慣病の原因は部位や器官の血行不良が原因といわれています。その点、この健康パッドは、睡眠中に全身の血行を改善して深い睡眠を誘い、その結果、身体全体に元気を回復させ、不眠や生活の疲れを癒してくれます。愛用者の中には、生活習慣病の改善だけでなく、共時性が起きるなど、不思議な効果も現れているそうです。

テラヘルツ加工製品は、常に安定的な癒しと蘇生を促してくれるもので、その意味では人間のヒーラー以上に信頼できるアイテムともいえるかもしれません。

波動の高い水によって自ら変わる

もう一つだけ、テラヘルツ鉱石を応用している会社をご紹介しておきましょう。それは「有限会社ビビアン」という、浄水器を製造販売している会社です。同社の代表を務めるのは、長田和代さんです。

長田さんは、女性の立場からさまざまなビジネスを通じて美と健康のための商品と環境を学んだ経験を生かし、営業の第一線の現場からたたき上げてきたセールスレップ（メーカーと販売先を結ぶ橋渡し役）の経歴を持つエネルギッシュな女性社長さんです。

ビビアンは、自社で開発した浄水器「ガイアの水135」（ビビアン・ウォーター）を製造販売しており、これは「自然界の浄化装置」にヒントを得て、ビビアン独自の6層カートリッジを搭載した浄水器です。活性炭やミクロファイバー等の層に加え、ビビアン・ウォーターの特徴でもある生体活性エネルギーを転写した活性化セラミックボール層、そして「海の浄化装置」ともいわれている沖縄の天然サンゴ礁（海底に堆積したコーラルサンド）に活性パワーを転写して濾過機能を高め、さらに今回新たにテラヘルツ鉱石を3種類加えたことにより、水が本来持っている溶媒としての能力が一段とアップしています。

また、一般家庭用に広く普及する目的でつくられているので、ワンタッチ切替式で浄水・水道水・逆流洗浄がすばやくできます。浄水は垂直に立てて使用し、食器やまな板等の洗浄時は壁側に倒して水道水を使い、逆さまにすれば逆流洗浄ができるため、安定して清潔な浄水が得られるなどの実用的な工夫がなされているのです。水道の蛇口に取り付けるタイプ以外にシャワーヘッドタイプがあります。

巷にはさまざまなセラミックを内蔵したいろんな浄水器が出回っていますが、ビビアンは、よいものをできるだけ安く提供したいとの企業理念と、「ガイアの水135」を通して「みずから（水から）変わる」ことの大切さを伝えている点で私はとても共感しました。

知人の橘徳利氏から紹介されたのがきっかけで、同社にテラヘルツ鉱石を提供させていただくことになったのですが、長田さんは私が王仁三郎の話をしてもすぐに理解されるほど意識が高く、波動にも注意を払われています。

長田さんによると、ビビアン・ウォーターに入れたみかんは腐敗することなく発酵し、3年経っても同じ状態だそうです。さらにテラヘルツ鉱石を加えたら、1カ月ほどで肌がきれいになったり、体重が落ちてスリムになった愛用者もいるそうです。

これは非常に高い抗酸化作用があることを示しているだけでなく、波動レベルの作用（生体活性エネルギー）によって水の情報が生体水に近くなっているのだと考えられます。水は情報を記憶するといわれますが、これからの時代は有害物質を除去する機能はもとより、どんな情報を記憶している水かが問われる時代になるでしょう。

水が変われば人びとの意識が変わり、その結果、地球環境もよくなるのです。その点、テラヘルツ効果が加わったことで生体の浄化にも役立つ「ガイアの水１３５」が多くの人の意識の覚醒を促す手助けとなることを願っています。

なお、ビビアン浄水器「ガイアの水１３５」については、同社のホームページhttp://www.viviann.co.jpに詳しく紹介されています。

みろくの世の岩戸開きは一人ひとりに委ねられている

東日本大震災後、少しずつ安定を取り戻しつつあることから、多くの日本人は再び平和な社会が戻ってくることを願いながら、以前と同じような暮らしをしています。

しかし、より大きな視点で見ると、今なお「火宅の人」のような状態だということに気がつかなければなりません。「火宅の人」というのは、法華経の中に出ている仏教用語です。周りが火の海になりつつあるのにそれに気づかず、目の前の楽しみに興じている人たちのことです。

火の中にいる衆生《しゅじょう》をその渦中から一刻も早く救済したい、というのが仏の心。けれど、その思いがなかなか世間には届かない。人びとは火が燃えている原因がわからないために、消し方もわからない。そんな状態が今の人類、日本人の状態なのではないでしょうか。

世界中の予言が、同じような警告を発しているのは、いち早くその燃え盛る火に気づいて、自らの足で脱出してほしいからです。

とくに日月神示や、大本系の予言はそれに対して注意を促しています。「私一人くらいがさぼってもいいじゃないの……」という人がいるかもしれません。しかし、そんなことはありません。すべての存在はつながっている以上、一人の意識は全体に影響を及ぼし、全体は一人に影響を与えているのです。

極論に聞こえるかもしれませんが、一人の人間が怒りや憎しみの感情を抱いていると、地球全体に苦痛を与えてしまうことになるのです。その意味で、地球が混沌としているのは、私たち人間の責任です。であるならば、一人ひとりが悪想念を出さないように改心し、神の分霊《わけみたま》としての意識を目覚めさせる必要があります。

混迷する世の中にあって、高い波動、精妙な心を維持するのは容易なことではないかもしれません。しかしだからこそ、意識の覚醒が求められているのであって、「人生は修行」といわれるのです。

肩に力を入れすぎないで、慌てず、そして内省しながら内なる神と対話しましょう。あなたと宇宙の光が融合して霊止（ヒト）となり、無限の力を発揮する。そう、王仁三郎も断言しています。

人（霊止）というのは「神の霊が止まる神柱なのだ」と。

神の意識は、イルカなどにも見られます。「イルカの群れの助けでサメの襲撃を免れた」という実話をご存知でしょうか？　これは２００５年の10月末にニュージーランド北島のワンガレイ海岸沖で起きた出来事で、この体験をした海難救助隊員はその時の様子をこう語っています。

・自分の娘ら少女３人と一緒に海岸１００メートル沖で泳いでいたらそのうちイルカ１頭が近づき、目の前で潜った。

・よく目を凝らしてみると体長３メートルほどの灰色のサメが自分たちの周囲を旋回しているのが見えた。

・しかし、そこにイルカの群れが現れて、４人を取り囲むように40分あまり一緒に泳ぎ、サメの襲撃から守ってくれた。

もしかしたら、少女たちの祈りがイルカたちに通じたのかもしれません。このように、イルカが人間を助けた事例は他にもたくさんあるそうです。大海原を回遊するイルカたちは、海の仲間たちと戯れながら、自由な魂で今を楽しみながら生きる喜びを私たちに教えてくれているようです。

私たち人間も、イルカを見習って、奪うことから与える生き方にシフトし、怒りや嫉妬、過去の恨みや悲しみも手離してあらゆる人と和解し、手をとりあって平和な理想社会を築いていこうではありませんか！

「すべての宗教の根源は一つの神であり、万教は同根である」、であるがゆえに、「神とともに生き、働き、楽しむ愛善世界の実現は人類の使命である」。

愛善とは、すべてを生かしている主神（宇宙神）の愛であり、我よし（エゴイズム）を去り、強いものの勝ちを改める調和の心であり、人びとがこのようなきれいな身魂で生きる世界が「みろくの世」です。

それが、来るべき惑星X（ニビル）の接近による被害を少しでも軽くすることにつながると思います。

神の分霊としての自覚が持てない人は、「良心」と置き換えてみてはいかがでしょう。良心を発動させることが本当の自分を生きること、すなわち魂の岩戸開きです。

みろくの世の扉を開くことができるかどうか、それはあなた自身に委ねられています。

参考文献

『霊界物語』出口王仁三郎
『水鏡』出口王仁三郎
『玉鏡』出口王仁三郎
『月鏡』出口王仁三郎
『愛善の道』出口王仁三郎
『伊都能売神諭』出口王仁三郎
『続・瑞能神歌』出口王仁三郎
『出口王仁三郎全集』出口王仁三郎　天声社
『出口なお 王仁三郎の予言・確言』出口和明　みいづ舎
『出口王仁三郎の大警告』泉田瑞顕　心交社
『大本襲撃』早瀬圭一　毎日新聞社
『日月神示　神一厘のシナリオ』中矢伸一　徳間書店
『日本人に謝りたい』モルデカイ・モーゼ　日新報道
『日本へブル詩歌の研究』川守田英二　日本へブル詩歌出版委員会
『大和民族はユダヤ人だった』ヨセフ・アイデルバーグ　たま出版

参考文献

『ユダヤ問題と裏返して見た日本歴史』三村三郎　八幡書店

『ソロモンの秘宝―四国・剣山に眠る黙示録』高根三教　大陸書房

『大自然の経綸　出口王仁三郎の教旨』土屋重徳　広告集団

『エル・エロヘ・イスラエル』白山義高　淡路古文化開放協会

『ソロモンの秘宝は阿波神山にある！』地中孝　たま出版

『日本のまつろわぬ神々』新人物往来社

『日本人〝魂〟の起源』上田正昭　情報センター出版局

『第三次大本事件の真相』十和田龍　自由国民社

『ユダヤと日本　謎の古代史』マーヴィン・トケイヤー　産業能率大学出版部

『ユダヤ人渡来伝説地図』坂東誠　ＰＨＰ研究所

『日本神道に封印された古代ユダヤの暗号』月海黄樹・石沢貞夫　日本文芸社

『「図解」誰も教えてくれなかった「古代史」の真実』関裕二　ＰＨＰ研究所

『消された覇王』小椋一葉　河出書房新社

『神々の流竄』梅原猛　集英社

『隠された物部王国「日本」』谷川健一　情報センター出版局

『天孫降臨の夢』大山誠一　日本放送出版協会

『総図解　よくわかる古代史』瀧音能之編　新人物往来社

『検証！捏造の日本史』松重楊江　たま出版

『倭国から日本国へ』上田正昭　文英堂
『超図解　竹内文書2』高坂和導　徳間書店
『運命が変わる漢方体操』朴忠博　星湖舎
『ガイアの法則』千賀一生　徳間書店
『前世療法』ブライアン・L・ワイス　PHP研究所
『アメリカの正義病・イスラムの原理病』岸田秀・小滝透　春秋社
『2012年に地球最接近！　惑星Xが戻ってくる』マーシャル・マスターズほか　徳間書店
『肉食が地球を滅ぼす』中村三郎　双葉社
『脱牛肉文明への挑戦』ジェレミー・リフキン　ダイヤモンド社
『魂の再発見』ラリー・ドッシー　春秋社
『胎児との対話』森野夏海　アウル企画
『旧約聖書』ほか

あとがき

本書は決して不安や怖れを煽る目的で著わしたのではありません。

本書を貫いている王仁三郎聖師の意図をくみ取っていただければ、それはおわかりいただけると信じます。

王仁三郎聖師の言葉は、多様な意味を含んでいますが、その言葉尻にとらわれず、その本質を理解することが大事です。とりわけ、日本の「神」の名前は、改ざんを重ねられているので、理解できないのが当然です。

現に、神さま関連の本を漁り読みしてちんぷんかんぷんになり、読めば読むほど迷路にはまってノイローゼになった真面目な大本信徒の方々をたくさん見てきました。

最も大事なことは、私たち一人ひとりが地球を造った宇宙神の分霊《わけみたま》だということです。

宇宙、大自然の仕組みは、人類が一刻も早く神の分霊として目覚めることを望んでいます。

今後予想される、さまざまな危機的状況は避けられないかもしれません。

しかし、今からでも決して遅くはないのです。宇宙神の願いに応えられるように、母なる地球に喜んでもらえる人格になろうではありませんか。

それによって、ニビル星の影響も少しは軽減されるかもしれません。気が滅入ったり、落ち込んだりする時間はあまりありません。いかに行動するかです。お互いに協力し合って、各自ができることを実行に移していきましょう。

私は人の魂が善であると信じています。そして、この試練を機に世界が一つにまとまることを祈っています。皆の意識が一つになれば、奇跡を起こすことができます。

今回の東日本大震災に対する日本の対応能力について、海外のメディアが高い評価を与えています。

CNN、BBCニュースでは、「有史以来、最悪の地震が、世界で一番準備され訓練された国を襲った。犠牲は出たが他の国ではこんな正しい行動はとれないだろう。日本人は文化的に感情を抑制する力に優れている」と報道しました。

『ワシントン・ポスト』（電子版）は、「日本の人びとには真に高貴な忍耐力と克己心がある」と述べ、中国でも、混乱に乗じて盗みもせずに整然とコンビニに列をなしている日本人に対して、改めてその道徳の高さに驚いているとのことです。

さらに、アメリカのオバマ大統領は、「日本人は非常に才覚があり力強い経済国で技術的にも進んでいる。うまく復興できると確信している」と述べ、ロシアの独立系紙『ノーバヤ・ガゼータ』（電子版）は、「日本には最も困難な試練に立ち向かうことを可能にする『人間の連帯』が今も存在している」との称賛の記事を掲載しています。

このように世界が驚嘆しているのは、日本人の精神性の高さと底力を見抜いているからです。

一方、内閣総理大臣の諮問を受けて復興の方針を取りまとめた復興構想会議は、「全世界的な支援の広がりに示された人びとの良心を受けとめ、それに応える」とし、単なる復興でなく創造的復興を期すために、クリーンエネルギー社会、高齢化社会の福祉をも視野に入れた新しい街づくりを目指すなどのビジョンを示しています。

世界が目を見張るような創造的復興をもたらすためには、日本人の精神の復興、すなわち王仁三郎のいう大和魂の復興が不可欠であり、まさにこれからがその本領発揮の時です。

最後に、王仁三郎聖師のこの言葉を借りて、あとがきのご挨拶に代えたいと思います。

「神の御国は罪もなく、けがれもなく、病もなく、苦しみもなし。なんじらいかにして、この神の御国にいたらんとするや」（『道の栞』）

末筆ながら、本書を執筆するにあたって、貴重な情報を提供してくださった村上憲次氏、ならびに平尾篤子さんに深く御礼申し上げます。そして、一時期、共に大本裏神業（北伊勢神業までの間）の追体験をしてくださった神乃尾龍神社の寺下金龍氏（故人）、ならびに佐竹美穂さんにも心より感謝の意を捧げます。

またこのたび、『新版ひふみ神示』（岡本天明著）を発売されている太陽出版様とのご縁をいただいたことによって、この本が晴れて世に出ることになりました。太陽出版社主の籠宮良治氏、ならびに編集部の西田和代様に心より厚く御礼申し上げます。

櫻井　喜美夫

著者連絡先
ウェブサイト　http://sakuraikimio.com/
TEL：075－645－2360／FAX：075－320－1396

出口王仁三郎の遺言

— あなたが開く「みろくの世」—

著者略歴

櫻井喜美夫（さくらい・きみお）

発明光房代表。霊能師・シリウスチャネラー・発明家。

1947年愛知県生まれ。出口王仁三郎聖師の霊統を引き継いだ霊能師として、全国各地において成仏や場を清める儀式を始めると共に、30代からは大本裏神業の追体験を始め、現在もそれらをたばねる神業を続けている。同時に、電磁波や不成仏霊など人体に様々な影響を及ぼす波動から身を守り、本来の正常な波動に整えるための製品の開発に力を入れる。30年以上鉱物の研究に携わってきた経験と知見に基づいて、特殊セラミックスを使用したオリジナルのエネルギーグッズを開発。なかでも最も強力なテラヘルツ波を発する天然鉱石を使った各種製品は、各方面から熱い注目をあびている。

2011年8月10日　第1刷

2011年11月11日　第2刷

［著者］

櫻井喜美夫

［企画・編集］

小笠原英晃

［発行者］

籠宮良治

［発行所］

太陽出版

東京都文京区本郷4-1-14　〒113-0033

TEL 03(3814)0471　FAX 03(3814)2366

http://www.taiyoshuppan.net/

E-mail　info@taiyoshuppan.net

イラスト＝中島直美

装幀＝今野美佐（21世紀BOX）

［印刷］壮光舎印刷 ［製本］井上製本

ISBN978-4-88469-712-9